한국정보통신진흥협회 주관
SNS광고마케터 자격시험 | 원조 수험서

유튜브, 페이스북, 카카오톡
네이버밴드 등 최신정책 반영
개정1판

SNS광고
SNS ADVERTISEMENT
MARKETER

마케터 1급

저자 양일석, 임현재, 홍민

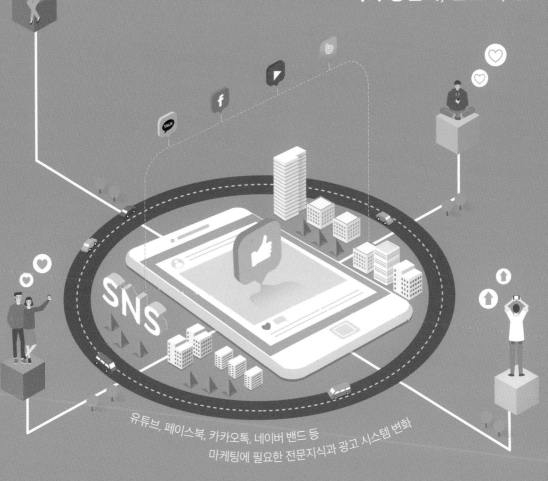

유튜브, 페이스북, 카카오톡, 네이버 밴드 등
마케팅에 필요한 전문지식과 광고 시스템 변화

MYUNGJIN C&P

발간사

TV, 라디오, 잡지 등 기존 전통매체를 중심으로 한 광고시장이 2000년도 들어 온라인 중심의 광고시장으로 빠르게 재편되며 성장해 왔습니다. 온라인 광고시장이 기존 매체를 뛰어넘어 확실한 주류로 인정을 받은 것입니다.

온라인 광고시장은 초기 네이버, 카카오(구 Daum) 중심의 검색광고를 시작으로, 이후 개별화된 맞춤 타겟팅 기술이 고도화되면서 디스플레이 '퍼포먼스' 광고시장으로 진화되었습니다. 이른바 디스플레이 퍼포먼스 광고의 포문을 연 구글(유튜브), 페이스북이 우리나라를 비롯한 전 세계 광고시장을 선도하고 있습니다.

우리나라는 SNS의 출발점이자 다양한 '테스트베드(Test Bed)' 역할을 톡톡히 해왔습니다. 오늘날의 구글, 페이스북과 같은 글로벌 소셜미디어가 등장하기 이전부터 다양한 형태의 커뮤니티가 있었습니다.

새로운 밀레니엄 시대를 맞이함과 동시에 다음카페, 싸이월드, 아이러브스쿨, 세이클럽 등과 같은 커뮤니티가 활성화됐고, 이어 메신저 서비스인 버디버디, 네이트온이 큰 인기를 끌었습니다. 이 모든 서비스들은 순수 토종 우리나라 회사들이 개발한 서비스이기도 했습니다.

그러나 지금의 소셜미디어는 대형화, 세계화되어 가면서 많은 서비스가 사라지고 구글, 페이스북과 같은 글로벌 회사로 재편되었습니다. 광고 운영 프로그램도 고도화되어 광고 상품과 타겟팅, 광고 소재의 활용 방식이 매우 복잡하고 다양화되었습니다.

이러한 변화는 온라인 광고 운영에 전문적 기술과 경험을 요구하는 시장의 변화로 나타났고, 기업들은 앞다퉈 관련 유경험자와 전문가를 찾기 시작했습니다. 마케터의 필수적인 요소가 바로 온라인 광고 운영 역량이 되고 있는 것입니다.

이 책에 담은 내용은 새로운 미디어 환경에 맞는 효과적인 온라인 광고 방식을 고민하시는 분들, 기업 마케팅 담당자, 취업준비생, 광고 대행사 관계자 등 마케팅에 관심 있는 모든 분들에게 도움이 될 것이라 확신합니다.

끝으로 '한국정보통신진흥협회'가 새롭게 시작하는 'SNS광고마케터 1급' 자격은 마케터의 SNS광고 지식을 확인하고 평가하는 기준이 될 것으로 기대합니다.

자격을 준비하시는 모든 분들의 '합격'을 응원합니다.

감사합니다.

저자 **양일석, 임현재, 홍 민**

SNS광고마케터
(Social Network Service advertisement Marketer)

1. SNS광고마케터(Social Network Service advertisement Marketer)

- 디지털 광고 시장의 고성장을 통한 SNS광고 마케팅 분야 산업 활동 영역 증가로 전문성 및 실무적인 역량을 갖춘 인력 양성을 위한 자격

- SNS광고의 기본지식을 보유하고, SNS광고 기획, 전략, 등록, 운영, 효과분석 등 실무적인 지식 및 역량을 평가하는 자격

- 온라인광고대행사, 기업 홍보부서 등에서 SNS광고 마케팅 및 SNS광고 전문인력을 통한 효율적 마케팅 분석, 전략수립 등의 자격을 갖춘 직무자격조건으로 활용할 수 있는 자격

2. 필요성

- SNS광고 마케팅의 기본지식 배양

- 유튜브, 인스타그램, 페이스북 등 SNS광고 실무내용 반영

- 온라인광고대행사 및 기업 홍보부서 등 취업 대비

3. 자격종류

- 자격구분 : 민간등록자격

- 등록번호 : 2022-001160

- 상기 자격은 자격기본법 규정에 따라 등록한 민간자격으로, 국가로부터 인정받은 공인자격이 아닙니다.

- 민간자격 등록 및 공인 제도에 대한 상세내용은 민간자격정보서비스(www.pqi.or.kr)의 '민간자격 소개' 란을 참고하여 주십시오.

4. 시험과목

등급	검정과목	검정방법	문항수	시험시간	배점	합격기준
1급	• SNS의 이해 • SNS광고 마케팅	객관식 (사지택일)	80문항	100분	100점	70점 이상

5. 출제기준

등급	과목	검정항목	검정내용	상세 검정내용
1급	SNS의 이해	SNS의 이해	소셜미디어의 이해	매스미디어와 소셜미디어의 차이점
			소셜미디어의 종류	소셜미디어의 발전 과정 및 역사
			소셜마케팅의 주요 전략	SMM / SMO 등 용어와 종류
			소셜미디어 콘텐츠 유형	비즈니스에 적합한 소셜미디어 유형을 선택
	SNS광고 마케팅	SNS광고 실무	Meta for Business (Facebook for Business)	Meta for Business 마케팅 플랫폼의 이해
				앱 패밀리를 활용한 비즈니스의 시작
				Meta for Business 광고의 목표와 타겟팅
				Meta for Business의 광고 형식과 자산 최적화
				성과 측정 도구와 광고 보고서
			유튜브	유튜브 광고 입문
				유튜브 광고 시작하기
				유튜브 광고 타겟팅 전략
				유튜브 광고 성과측정
			카카오톡	카카오톡 광고상품의 이해
				카카오광고 시작하기
			네이버밴드	네이버밴드 광고상품의 이해
				네이버밴드 광고상품 시작하기
			기타 SNS매체	기타 SNS매체의 광고상품

6. 응시지역 및 비용

등급	검정수수료	응시지역	응시자격
1급	50,000원	비대면 온라인	제한없음

1) 자격증 발급수수료 : 5,800원(배송료 포함)

  * 정보이용료별도 : 신용카드/계좌이체 650원, 가상계좌입금 300원

2) 연기 및 환불 규정

- 접수기간~시험 당일 10일 전 : 신청서 제출 시 연기 또는 응시비용 전액 환불

- 시험일 9일 전 ~ 시험 당일 : 신청서 및 규정된 사유의 증빙서류 제출 시 연기 및 응시비용 전액 환불

- 시험일 이후 : 환불 불가

7. 입실 및 시험시간

급수	입실완료시간	시험시간
1급	13:50	14:00 ~ 15:40 (100분)

CONTENTS

PART 02 SNS광고 마케팅

CONTENTS

SOCIAL NETWORK SERVICE ADVERTISEMENT MARKETER

PART

SNS의 이해

(Social Networking Service)

Chapter 01 소셜미디어(Social Networking Service)의 이해

소셜미디어(Social Networking Service)의 이해

1. 매스미디어와 소셜미디어의 차이

매스미디어와 소셜미디어의 가장 큰 차이점은 대중이 타겟으로 정보를 일방적으로 수용하는 구조이다. 소셜미디어는 대중도 크리에이터로서 콘텐츠 생산에 참여할 수 있다는 점이 큰 차이를 가진다. 마케팅 전략에서도 매스미디어는 광범위한 타겟에게 도달하는 매체로써 활용된다. 소셜미디어의 경우 대중과 소통하며 커뮤니케이션하는 전략을 주로 활용한다.

1) 매스미디어(Mass Media)란 무엇인가?

매스미디어는 불특정 대중에게 공적·간접적·일방적으로 대량의 정보를 전달할 수 있는 미디어(매체)이다. 일반적으로 한 번에 여러 수신자에게 메시지를 전송하는 매스 커뮤니케이션(Mass Communication)이 이루어지는 미디어를 말한다. 주로 라디오, 텔레비전, 신문, 잡지, 웹사이트, 포털 사이트, 옥외 광고 등을 전방위적으로 말한다.

2) 소셜미디어(Social Media)란 무엇인가?

소셜미디어(Social Media)는 가상의 커뮤니티와 네트워크를 통해 정보, 아이디어, 관심사 및 다양한 표현들을 전달하는 상호작용이 가능한 기술과 디지털 플랫폼을 의미한다. 개방, 참여, 공유의 가치로 요약되는 웹 2.0을 기반으로 급격하게 성장하고 발전해 왔다.

[표 2-1] 소셜미디어의 초기 정의

학자	정의
Hobson (2006)	소셜미디어 생태계는 블로그, 위키, RSS, 팟캐스트, 비디오캐스트, Moblogs, MMS, Internet Telephony 등이 있으며, 이들은 커뮤니케이션과 관여(Engagement), 투명성, 신뢰 등을 촉진하는 도구로써 전통적인 커뮤니케이션 활동을 보완해주기도 하고 효과적인 커뮤니케이션의 사회적 특성을 인식한 조직체들에 의해 사용되는 미디어
Newson, Houghton	블로그나 네트워킹 사이트, 위키, 팟캐스팅과 비디오캐스팅, 가상세계, 소셜 북마킹 등을 통해 온라인상 정보의 커뮤니케이션과 참여와 축적을 가능케 하는 온라인상의 도구와 프로그램
Safko & Brake (2009)	콘텐츠를 글, 사진, 동영상 오디오 형태로 간편하게 만들고 전송하게 하는 웹 기반의 애플리케이션을 의미하는 대화형 미디어를 통해 사람들로 구성된 커뮤니티가 온라인에 모여서 정보, 지식, 의견을 공유하는 활동, 관행, 행위를 통칭
최민재·양승찬(2009)	웹 환경하에서 네티즌의 참여·공유 정신을 기반으로 한 '웹2.0'의 특성을 갖는 인터넷 서비스들의 기술적 속성과 그 실천 행위들을 통칭
Kaplan & Haenlein (2010)	웹2.0의 이념과 기술을 기반으로 하며, 이용자 생산 콘텐츠(UGC)의 생산과 공유를 가능케 하는 인터넷 기반의 애플리케이션

※ 출처 : 방송통신위원회 "소셜미디어 접근 및 생산적 활용 확산 방안 연구" 2011.12., 표 2-1

소셜미디어는 일종의 유기체처럼 성장하기 때문에 양방향성을 활용하여 사람들이 참여하고 정보를 공유하며 사용자들이 만들어 나가는 특징을 갖고 있다. 이러한 소셜미디어는 "정보, 아이디어, 개인 메시지 및 기타 콘텐츠(비디오 등)를 공유하기 위한 온라인 커뮤니티를 만들 수 있는 웹2.0 기반의 미디어(애플리케이션)"로 정의할 수 있다. 진화하는 소셜미디어 서비스의 다양성으로 인해 특성을 정의하기 어렵지만 공통적인 특징을 가진다.

1. 참여 : 소셜미디어 기능을 제공하는 서비스에 참여하여 서비스를 발전시켜 나감
2. 공유 : 사용자가 정보, 아이디어, 개인 메시지 및 기타 콘텐츠를 공유하여 커뮤니티 형성
3. 연결 : 팔로워 또는 그룹과 같은 프로필간의 연결로 소셜 네트워크 형성

[표 2-2] 소셜미디어 유형(글로벌 예시)

소셜미디어 타입	서비스 예시 (글로벌 기준)	
	이름	사이트 예시
블로그	The Huffington Post Boing Boing	huffingtonpost.com boingboing.net
비지니스 네트워크	LinkedIn XING	linkedin.com xing.com
협업프로젝트	Wikipedia Mozilla	wikipedia.org mozilla.org
마이크로블로그	Twitter Tumblr	twitter.com tumblr.com
사진공유	Flickr Photobucket	flickr.com photobucket.com
상품/서비스리뷰	Amazon Elance	amazon.com elance.com
소셜 북마킹	Delicious Pinterest	delicious.com pinterest.com
소셜 게임	World of Warcraft Mafia Wars	warcarft.com mafiawars.com
소셜 네트워크	Facebook Instagram	facebook.com instagram.com
동영상 공유	YouTube Vimeo	youtube.com vimeo.com
메타버스	Second Life Twinity	secondlife.com twinity.com
기업소셜네트워크	Yammer Socialcast	gaiaonline.com ign.com/boards
포럼	Gaia Online IGN Boards	gaiaonline.com ign.com/boards

※ 출처 | Measuring the Degree of Corporate Social Media Use,10.2501/IJMR-2015-018

국내에서도 네이버 블로그와 리멤버, 블라인드 등 다양한 소셜미디어 플랫폼들이 서비스되고 있다.

3) 매스미디어와 소셜미디어의 차이점

- 도달(Reach)의 보편성 : 매스미디어는 대량으로 생산된 정보가 대중에게 일방적으로 도달하기 용이하다. 하지만 최근 소셜미디어 또한 플랫폼의 발전으로 도달(Reach)이 높아지고 있다.
- 접근가능성(Accessibility) : 매스미디어는 기업이나 정부에서 운영되는 반면 소셜미디어는 거의 무료로 누구나 가입 후 사용할 수 있다.
- 이용가능성(Usability) : 매스미디어는 주로 전문적인 저널리스트나 특정분야 전문가들이 정보를 생산하지만 소셜미디어는 누구나 정보를 생산하는 것이 가능하다.
- 영속성(Permanence) : 매스미디어에서는 정보가 배포되면 변경이 어렵지만 소셜미디어는 편집을 통해 즉각적인 수정이 가능하다.

4) 소셜미디어의 미래산업

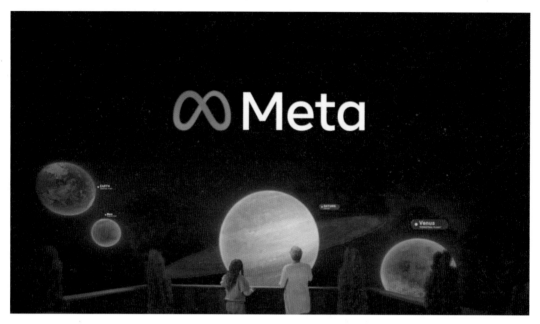

※ 출처: Meta for Business 공식 사이트

2021년 코로나19가 메타버스의 발전시기를 앞당기면서 소셜 네트워킹 서비스의 대표 미디어인 페이스북은 사명을 메타(Meta)로 변경하며 메타버스 사업에 사활을 걸었다. 페이스북은 2014년 가상현실(VR) 헤드셋 기기(HMD) 제조사인 오큘러스를 포함해 비트게임스, 산자루게임스, 빅박스VR, 다운푸어 등 가상현실 게임업체를 잇달아 인수했다. 소셜미디어의 미래는 3D 공간에서 상상을 뛰어넘는 방식으로 연결되는 메타버스가 될 수 있음을 예측할 수 있다.

2. 소셜미디어의 발전 과정 및 역사

1) 소셜미디어(Social Media)의 시작과 초기형태

소셜미디어라는 개념은 가이드와이어 그룹(Guidewire Group)의 공동 설립자인 크리스 쉬플리(Chris Shipley)가 2004년 '더 블로그 온 콘퍼런스(The Blog On Conference)'에서 '새로운 형태의 참여미디어'에 대해 발표하면서 처음으로 개념화되었다고 전해진다.

소셜미디어는 기존 오프라인의 네트워크 특성을 토대로 온라인상에 네트워크를 구축하는 형태로 출발했다. 초기의 소셜미디어의 형태를 보이는 클래스메이트닷컴(Classmate.com)이나 식스디그리닷컴(SixDegree.com) 등의 온라인상에서 친구 찾기 기능을 중심으로 네트워크 서비스를 했다는 점에서 그 유래를 찾을 수 있다.

2) 소셜미디어(Social Media) 발전 배경

소셜미디어는 사람과 사람을 이어주는 서비스로써 웹 서비스의 진화와 함께 발전하고 있다. 웹 1.0에서는 하이퍼텍스트 위주의 웹 환경에서 인터넷을 이용하였다. 텍스트와 링크가 주된 형태였고, 음악이나 동영상 등의 멀티미디어 사용은 극도로 제한되었다. 개방성이 특징인 웹2.0 시대에서 어떤 누구도 데이터를 독점하지 않고 모든 사람들이 데이터를 사용할 수 있는 플랫폼이 제공되면서 소셜미디어는 폭발적으로 성장하게 되었다.

- 멀티미디어 기술과 정보 통신의 발전으로 새로운 문화 패러다임이 등장
- 인터넷의 대중화와 디지털카메라 및 스마트폰 보급으로 온라인 커뮤니티의 진화
- 스마트폰의 보급으로 웹 2.0(Web 2.0)의 특성이 소셜미디어의 발전과 확산을 가속화
- 기술의 발전으로 블록체인, NFT 등 웹 3.0을 기반으로 한 "탈중앙화" 플랫폼으로 발전 가능

웹 2.0에서 소셜미디어 플랫폼 유형은 소셜네트워킹(Social Networking), 소셜협업(Collaboration), 소셜퍼블리싱(Publishing), 소셜공유(Sharing), 소셜토론(Discussing), 소셜대화(Messaging)로 구분하고 있다.

[이미지 설명 : Social Media landscape 2021, @SYSY]

국내 소셜 네트워크 서비스(SNS)는 초기에는 아이러브스쿨과 같이 학교 동기, 동창을 찾아주는 수단을 시작으로 친구들과 연락을 주고 받을 수 있는 수단을 제공하는 서비스로 출발하였다.

- 아이러브스쿨 : 1999년, 마이크로블로그와 카페형태가 결합된 서비스

- 세이클럽 : 1999년, 네오위즈가 서비스한 웹 기반 커뮤니티 사이트이다. 전성기 시절에는 10~20대가 많이 사용하였으나 후반기에는 40~50대 중년층과 등산객이 주된 이용층이었다. 전 세계 최초로 아바타 유료 서비스를 도입하기도 하였다.

- 버디버디 : 2000년 초반 네이트온, MSN메신저에 이어 한국에서 3번째로 많이 사용되었던 메신저였다. 2004년 전후로 사건사고가 발생하였고 2010년~2011년부터 급격히 쇠퇴하여 폐쇄되었다.

- 네이트온 : 2000년대 초반부터 2010년대 초반까지 시장을 지배하는 주류 메신저였으나, 스마트폰이 대중화되면서 변하는 모바일 시장 환경 대응에 실패하였다.

- 싸이월드 : 2000년대 중반 이후 대한민국 인터넷 문화를 이끈 아이콘적인 SNS이며 대중성으로는 역대 어떤 플랫폼도 따라갈 수 없을 만큼의 높은 대중적 이용도를 자랑했던 SNS였다.

  2000년대 초반에 국민PC로 대표되는 1세대 포털사이트와 PC통신의 공존기였다면 2000년대 중후반은 싸이월드로 대표될 만큼 대한민국 IT 역사에 큰 획을 그은 플랫폼이었지만 스마트폰 시대에 적응하지 못하고 페이스북 등에 자리를 내어주게 되었다.

3. 소셜미디어 마케팅과 소셜미디어 최적화

- 소셜미디어 마케팅(Social Media Marketing) : 소셜미디어와 소셜네트워크를 사용하여 회사의 제품과 서비스를 마케팅하는 것을 포괄적으로 뜻한다. 앞서 정의한 소셜미디어의 특징인 양방향 커뮤니케이션을 활용해 브랜드(기업)의 가치 혹은 제품의 정보를 전달하고 교환하는 일련의 프로세스(활동)들로 정의할 수 있다. 인베스토피디아(Investopedia)에 따르면 소셜미디어 마케팅에는 5가지 핵심 요소가 있다.

  ① 전략(Strategy) : 마케팅의 목표에 맞게 활용할 소셜미디어 채널과 콘텐츠의 유형을 구성

  ② 플래닝 앤 퍼플리싱(Planning and Publishing) : 콘텐츠 기획 및 퍼블리싱 일정을 계획하고 초안을 작성해서 소셜미디어 채널에 게시할 시점을 결정

  ③ 리스닝 앤 인게이지먼트(Listening and Engagement) : 소셜미디어 채널 사용자와 고객들이 콘텐츠(게시글)에 대한 반응을 모니터링하고 대응전략 구성

  ④ 분석과 리포팅(Analytics and Reporting) : 콘텐츠의 타겟 도달범위와 참여율에 대한 보고서를 작성하고 분석

  ⑤ 광고(Advertising) : 오가닉한 도달이 부족할 경우 플랫폼에서 제공하는 유료광고를 사용

- 소셜미디어 최적화(Social Media Optimization) : 소셜미디어 네트워크에서 온라인상의 고객에게 메시지를 전달하고 관리하여 브랜드를 성장시키는 것을 의미한다. 소셜미디어 최적화는 소셜미디어 플랫폼에서 콘텐츠의 오가닉 트래픽 유입 최적화를 위한 다양한 마케팅 기법들을 말한다. 소셜미디어 최적화가 검색 최적화에도 긍정적인 영향을 미치기 때문에 일종의 검색엔진마케팅 기법 중 하나로 볼 수도 있다. 소셜미디어 최적화라는 용어는 로힛 바르가바(Rohit Bhargava)가 만들었는데 다섯 가지 방법을 제안하였다.

  ① 링크 가능성(Linkability)을 높여라.

  ② 태깅과 북마킹을 쉽게 하라.

  ③ 사용자의 페이시로 늘어오는 링크에게 보상을 하라.

  ④ 사용자의 콘텐츠가 돌아다니게 하라.

  ⑤ 매시업을 유도하라.

4. 소셜미디어 마케팅 전략 가이드

소셜미디어는 웹 2.0 시대에서 웹 3.0의 개인화 데이터 중심으로 서비스가 되도록 진화하며 기존의 플랫폼들도 다양하게 확장하고 있다. 변화하는 트렌드 속에서 마케팅 전략을 수립함에 있어 필수로 체크해야 할 가이드는 어떤 것들이 있을까?

① 소셜미디어를 활용한 비즈니스의 목표 설정

② 비즈니스의 타겟 분석 및 경쟁사 조사

③ 타겟에 적합한 성과 지표 및 KPI 설정

④ 비즈니스에 적합한 소셜미디어 플랫폼 선택

⑤ 매력적인 콘텐츠 제작 가이드라인

⑥ 콘텐츠의 성과를 분석하여 성과에 대해 평가하여 개선

⑦ 고객들의 반응과 생각을 다른 팀과 공유하여 비즈니스 전략을 수립

5. 소셜미디어 플랫폼의 종류

1) 글로벌 주요 소셜미디어 플랫폼

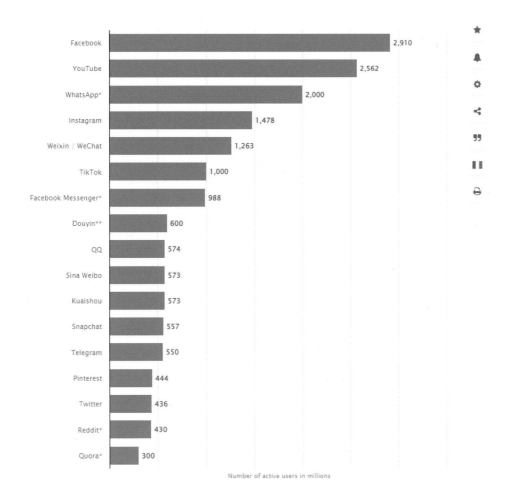

[이미지 설명 : Worldwide 소셜 Platform MAU 랭킹 / 2022년 1월 Active Users 기준]

[이미지 출처 : Global No.1 Business Data Platform "statista" - Most popular social networks worldwide as of January 2022, ranked by number of monthly active users.]

(1) 페이스북(Facebook)

페이스북은 마크 저커버그가 2004년 2월 4일에 개설한 소셜 네트워크 서비스이다. 2021년 소셜 테크놀로지 회사 'Meta'로 사명이 변경하며 메타버스에 집중하며 비즈니스를 성장시키기 위해 힘쓰고 있다. 페이스북은 가족과 친구, 그리고 관심사를 가진 사람들이 모인 커뮤니티를 만날 수 있도록 도와주며 사람들의 '관계'를 이어주는 서비스를 제공한다.

[이미지 설명 : 페이스북 모바일 뉴스피드(Facebook Mobile NewsFeed)]

[이미지 설명 : 페이스북 데스크톱 뉴스피드(Facebook PC NewsFeed)]

(2) 유튜브(YouTube)

유튜브는 구글이 서비스하는 동영상 공유 플랫폼으로 일종의 소셜미디어이다. 위키피디아(Wikipedia)에 따르면 유튜브는 매일 10억 시간 이상의 동영상을 시청하는 10억 명이 넘는 월간 사용자를 보유하고 있다.

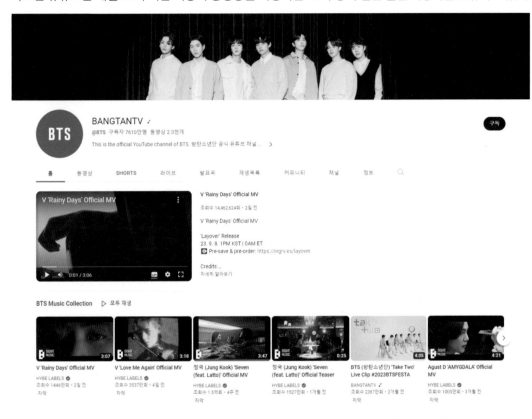

[이미지 출처 : 유튜브 'BANGTANTV' 채널]

유튜브는 지난 2006년 구글에 인수되어, 독점 콘텐츠와 같은 유료 콘텐츠와 광고 없이 시청할 수 있는 유료 구독 옵션인 '유듀브 프리미엄(YouTube Premium)'을 제공한다. 2022년에 중요하게 보아야 할 부분은 유튜브 숏폼 콘텐츠 플랫폼인 유튜브 쇼츠(YouTube Shorts)다. 틱톡(Tiktok)과 달리 유튜브 쇼츠(YouTube Shorts)의 노출수는 다소 성과가 떨어지지만 강력한 개인 맞춤화 알고리즘으로 댓글과 반응수가 좋다.

[이미지 설명 : 유튜브 쇼츠(Youtube Shorts) / 출처 : 유튜브(YouTube)]

(3) 왓츠앱(WhatsApp)

왓츠앱 메신저는 스마트폰 및 다른 기기에서 메시지를 주고받을 수 있는 앱이다. 왓츠앱은 기기의 인터넷 연결을 이용해 친구와 가족에게 메시지를 보내고 전화를 거는 방식으로, 메시지 전송 및 통화 시 추가 요금이 발생하지 않는다. 국제통화료가 없는 것이 큰 장점이지만 상대방이 왓츠앱이 없다면 사용할 수 없다.

[이미지 출처 : 왓츠앱(WhatsApp) 구글플레이 스크린 화면]

(4) 인스타그램(Instagram)

인스타그램은 친구와 연결하고, 최근 소식을 공유하거나 전 세계 다른 사람들의 새로운 소식을 확인할 수 있다. 즉석에서 사진을 볼 수 있는 '인스턴트 카메라(Instant Camera)'와 정보를 보낸다는 의미의 '텔레그램(Telegram)'을 합쳐 만든 이름으로 사진을 손쉽게 전송한다는 의미를 가지고 있다.

2020년 인스타그램은 최대 3명의 게스트와 함께 라이브방송을 할 수 있는 라이브 룸스를 런칭했다. 이전에는 라이브 방송을 할 때 게스트를 한 명만 추가가 가능했지만 이제 최대 두 명을 더 추가할 수 있다.

[이미지 설명 : 인스타그램 라이브 룸스 예시 화면]

짧고 재미있는 동영상을 만들고 공유할 수 있는 '인스타그램 릴스(Instagram Reels)'는 오디오, 효과 및 새로운 크리에이티브 도구를 사용해서 15초 길이의 멀티 클립 비디오를 녹화하고 편집할 수 있다.

- 오디오 : 인스타그램은 음악 라이브러리에서 노래를 검색한다. 딘순히 릴을 녹음해서 나만이 원본 우디오를 사용할 수도 있다. 원본 오디오가 있는 릴을 공유하면 오디오가 제작자에게 귀속되며 공개계정일 경우 사람들은 해당 오디오로 릴을 만들 수 있다.
- AR효과 : 인스타그램과 전 세계의 제작자가 만든 이펙트 갤러리(Effect Gallery)에서 다양한 효과 중 하나를 선택해서 재미있는 영상을 만들 수 있다.

[이미지 출처 : Spark AR Hub 사이트]

스파크 AR 스튜디오(Spark AR Studio)에는 증강 현실을 처음 접하는 사람부터 경험이 풍부한 크리에이터까지 누구나 페이스북, 인스타그램에서 콘텐츠를 만들 수 있다. 스파크 AR 스튜디오에서 다양한 효과를 만들어 보고 게시해 보면서 경험할 수 있다.

2) 국내 주요 소셜미디어 플랫폼

(1) 카카오톡 채널(Kakaotalk Channel)

국내 3번째 규모의 검색 엔진(Google 및 Naver) 메시징 서비스를 기반으로 국내 스마트폰 사용자의 97%가 사용하는 소셜미디어 플랫폼이다. 카카오톡을 기반으로 한 다양한 비즈니스 솔루션들을 제공하고 있다. 그 중 카카오채널은 카카오톡 내에서 메시징 서비스를 기반으로 블로그형 포스트, 비즈니스 홈페이지, 채팅 서비스 등 소셜미디어의 특징인 양방향 서비스를 제공하고 있다.

[이미지 출처 : 카카오톡 채널 소개(https://kakaobusiness.gitbook.io/)]

(2) 밴드(Band)

밴드는 네이버 주식회사에서 출시한 폐쇄형 소셜네트워크 서비스이다. 주로 동호회 스터디, 주제별 모임으로 그룹멤버와 함께 밴드 내에서 커뮤니티를 위한 다양한 서비스가 제공된다. 소규모 그룹 모임의 형태로 인기를 누리다가 동창 찾기 서비스 추가로 급속도로 확장 되었다. 2020년 3월 출시 10년에 글로벌 기준 누적 앱 다운로드 수 1억 5,600만으로 월활성사용자수(MAU)가 국내 1,900만 명(IGAWorks 조사), 미국에서도 300만 명을 넘는 등 꾸준히 성장하고 있다.

(3) 아프리카TV(afreecaTV)

아프리카TV는 국내 최초의 라이브 스트리밍 플랫폼이며 국내에서 1인미디어의 시대를 만든 국내 대표 동영상 SNS 플랫폼이다.

특별한 기술·장비·비용 없이도 누구나 쉽게 PC나 모바일기기로 언제 어디서나 실시간 생방송을 할 수 있다. 웹캠과 PC 모니터상의 화면을 이용해 방송을 할 수 있으며, 채팅으로 방송인과 시청자 사이에서 실시간 소통이 가능하다. 시청자는 사이버 머니인 '별풍선'을 통해 자발적으로 후원을 할 수도 있다.

PART

SNS광고 마케팅

(Social Networking Service advertisement Marketing)

소셜미디어 마케팅의 중심
Meta for Business

1. Meta for Business 마케팅 플랫폼의 이해

페이스북은 2021년 사명을 페이스북에서 메타(Meta)로 변경하면서 기존 Facebook for Business 또한 Meta for Business로 명칭이 변경되었다. 급변하는 소셜미디어의 트렌드에 맞게 메타버스를 인터넷의 미래로 설정하고 준비하고 있다.

Meta Business Suite는 Facebook, Instagram, WhatsApp, Audience Network 등의 플랫폼을 기반으로 비즈니스와 관련된 활동을 관리할 수 있도록 일원화해주는 무료도구이다. 데스크톱 및 모바일에서도 Meta Business Suite는 각 채널의 메시지와 게시물의 응답에서 광고 진행까지 다양한 소셜미디어 전략을 편리하게 관리할 수 있는 솔루션이다.

Facebook   Messenger   Instagram   WhatsApp   Audience Network

[이미지 설명 : Meta for Business의 앱 패밀리]

1) Meta for Business Suite 주요 기능

(1) 비즈니스 한눈에 보기

홈 화면에서 페이스북 페이지와 인스타그램 계정의 개요를 확인할 수 있다.

(2) 페이스북과 인스타그램 게시물과 스토리 만들기

계정을 전환하지 않고 관리하고 있는 다양한 브랜드사들의 페이스북과 인스타그램 모두에 피드(Feed) 게시물 및 스토리를 예약하고 체계적으로 관리할 수 있다.

(3) 받은 메시지함 관리하기

페이스북, Messenger 및 인스타그램 DM (Direct Message)에서 이루어지는 비즈니스 메시지를 한번에 통합하여 관리할 수 있다. 자동화된 답변을 만들어 사람들이 자주 묻는 질문에 응답하는 시간을 절약할 수도 있다.

(4) 커머스 관리자에 엑세스하기

커머스 관리자는 페이스북과 인스타그램에서의 모든 온라인 판매 활동을 관리할 수 있는 도구이다. 제품 카탈로그(Catalog)를 관리하고, Shop을 설정할 수 있으며, 판매 활동과 결제 기능을 설정할 수 있다.
(※ 결제기능은 국가별 상이함)

(5) 광고 만들기

새 광고를 만들어 페이스북과 인스타그램에 게재하고 게시물과 페이지를 홍보할 수 있다.

(6) 분석 및 광고 보고서

페이스북과 인스타그램 채널의 인사이트 분석과 광고를 통한 결과에 대한 데이터를 확인할 수 있다. 인사이트는 채널 콘텐츠의 도달 범위 비교, 타겟 분석, 동영상 인사이트 등을 제공하며 광고보고서는 유료광고를 통한 세부데이터를 확인할 수 있다.

(7) 비즈니스 자산 및 설정 관리

페이스북 페이지 및 비즈니스와 연결된 앱과 청구서 등의 비즈니스에 필요한 자산을 관리할 수 있는 기능을 제공한다.

2) Meta for Business Shops

상거래 관리자 기능을 통해 페이스북과 인스타그램의 Shop을 설정할 수 있다. Shop을 만들면 고객이 페이스북 비즈니스 페이지와 인스타그램 비즈니스 계정에서 직접 상품을 찾아보고 구매할 수 있다. 단 결제기능은 일부 국가에서만 허용한다.

판매자는 브랜드에 맞게 Shop을 쇼핑몰처럼 맞춤 설정하고, 상품들의 카탈로그를 업데이트할 수 있다. 상거래 관리자 파트너 플랫폼을 통해 제품의 피드(Feed)를 카탈로그와 연결할 수 있다.

(예 : Shopify, BigCommerce, ChannelAdvisor, WooCommerce는 동기화 형태로, Cafe24 등 국내 플랫폼은 Feed URL 형태로 카탈로그와 연결할 수 있다.)

① 제품 카탈로그 생성 : Meta for Business의 전자상거래 관리자에서 제품 카탈로그를 생성한다.
  페이스북 Shop과 인스타그램 Shop은 하나로 통합하여 사용하는 것이 좋다.

② Meta for Business의 상거래 관리자에서 Shop 만들기 선택

③ 페이스북 비즈니스 페이지와 인스타그램 비즈니스 계정을 선택한 후 설정을 완료한다.

④ 상거래 관리자에서 컬렉션을 만들어 Shop의 제품 진열을 구성할 수 있다.

※ 페이스북과 인스타그램은 하나의 카탈로그로 통일하여 관리하는 것을 권장한다. 다양한 기업을 관리해야 하는 에이전시의 경우 상거래 관리자 기능을 이용해서 통합 관리하는 것을 추천한다.

2. Meta for Business 앱 패밀리를 활용한 비즈니스의 시작

1) 페이스북(Facebook) 비즈니스 시작하기

비즈니스를 위한 마케팅을 준비하면서 페이스북의 프로필과 비즈니스 페이지를 혼동하는 경우가 많이 발생한다. 페이스북 프로필은 개인을 위한 공간이며, 기업 비즈니스 페이지는 비즈니스를 위한 일종의 페이스북 내의 웹사이트로 생각하면 이해하기 쉽다.

페이스북 페이지(Facebook Page)는 Meta for Business를 활용한 광고를 시작하기 위해서는 가급적 필수적으로 생성하고 진행하는 것을 권장한다. Meta의 앱 패밀리에 광고 진행 시 페이스북 페이지를 개설해야만 노출지면에 원하는 광고를 원만하게 게재할 수 있다.

다음은 페이스북 페이지를 만들기 위해서 준비해야 할 필요한 사항이다.

- 페이스북 개인 프로필 : 페이지를 만들려면 프로필이 필요하다. 페이스북 개인 프로필의 정보를 페이스북 페이지에 공유하지 않는 한 페이지에 개인 프로필의 정보가 표시되진 않는다. 즉 페이스북에서 개인 프로필과 페이지는 별도로 취급된다. 하나의 개인 프로필을 이용해서 여러 개의 페이지를 생성할 수 있거나 관리할 수 있다.

- 카테고리 : 페이지의 카테고리를 선택한다. 선택한 카테고리에 따라 비즈니스에 특별한 기능이 제공된다.

- 비즈니스 관련 상세 정보 : 주소, 서비스 지역, 이메일, 전화번호, 웹사이트, 운영 시간, 스토리, 이미지 등 회사나 단체의 세부 정보를 추가하여 페이지를 최대한 활용해보자.

- 비즈니스의 목표 : 페이지를 만들 때, 달성하려는 목표를 명확하게 설정해서 페이지의 특별한 기능을 최대한 활용하자.

- 인사이트 : 페이지 인사이트는 타겟을 더욱 잘 파악하고 타겟이 가장 많이 반응을 보이는 콘텐츠를 이해하는 데 도움이 된다, 페이지 좋아요, 조회수, 도달 범위, 인구 통계학적 특성 정보와 같은 인사이트를 주의 깊게 살펴보자.

- 활성 상태 유지 : 페이지 팬들과 교류하고, 연락처 상세 정보와 기타 정보를 포함한 게시물을 자주 올리고, 페이지 인사이트를 활용할 때 페이스북 페이지의 성과가 좋은 점을 이용하자.

- 프로필의 사진과 커버 사진 / 연락처 정보 / 운영시간 / 추가 카테고리 / 정보 및 스토리 등을 추가로 설정해서 페이지를 최적화시킬 수 있다.

(1) 주요 카테고리별 페이스북 페이지 기능을 활용하기

① 서비스 비즈니스 템플릿

- 여행 관련 비즈니스인 경우 서비스를 제공하는 서비스 지역을 최대 10개까지 추가 가능
- 고객들이 비즈니스의 서비스를 살펴볼 수 있도록 리뷰 기능 설정
- 예약을 받는 경우 '페이스북 예약기능'을 사용해서 예약관리

② 음식점 템플릿

- 사람들이 메뉴를 살펴볼 수 있도록 음식점에서 제공하는 메뉴 추가 가능
- 고객들이 메뉴에 대한 반응을 살펴볼 수 있도록 리뷰 기능 설정

③ 리테일 및 전자상거래 비즈니스 템플릿

- 커머스를 위한 쇼핑 템플릿 사용(한국의 경우 결제 기능 사용 불가)
- 페이스북에서 직접 제품을 소개하고 판매하려는 경우 Shop 섹션을 추가
- 자사몰에서의 제품판매를 유도할 경우 CTA 버튼과 페이스북 픽셀을 추가해 웹사이트 전환까지 추적하도록 설정

(2) 비즈니스 성장을 위한 팬 및 참여 늘리기

비즈니스의 제품, 서비스 또는 콘텐츠에 관심이 있는 사람들이 페이지를 팔로우하게 만들어 비즈니스의 콘텐츠가 관심도가 높은 사람들에게 도달할 수 있도록 최적화시켜야 한다.

① 비즈니스의 브랜드를 알리고 페이지의 팬 확보하기

- 개인 뉴스피드에 페이지를 공유하고 가족과 친구들에게 페이지 알리기
- '친구초대' 기능으로 비즈니스에 관심을 가질 만한 친구에게 페이지 좋아요 요청하기
- 지역 그룹 또는 비즈니스의 업종과 관련된 그룹에 페이지로 게시글 올리기

② 페이스북 페이지(Facebook Page) 참여를 늘리도록 적극적으로 활동하기

- 페이스북의 다른 게시물과 그룹에 '페이스북 페이지'로 댓글을 남기고 교류하기
- 페이스북 페이지에서 비즈니스의 업종과 관련된 콘텐츠를 공유하기
- 메신저를 이용해서 고객과 커뮤니케이션하고 소통하기

③ Meta for Business 의 광고 솔루션으로 타겟팅 광고하기

Meta for Business의 유료광고의 기본은 페이스북 페이지(Facebook Page)이다. 페이지의 팬이 확보되어 최적화될수록 광고성과에 긍정적인 효과를 가진다.

- 페이지에 공개 콘텐츠를 게시하고 목적에 맞게 타겟팅 광고 진행하기
- 할인 또는 혜택을 제공하는 콘텐츠에 행동 유도 버튼을 포함시켜 웹사이트 방문 유도
- 지역 비즈니스의 경우 매장을 중심으로 특정 반경 내에 있는 타겟에게 도달 광고 진행

④ 페이지 인사이트를 활용하여 광고 타겟팅 최적화하기

페이지 인사이트는 페이지를 좋아하는 사람들과 참여도를 높이는 게시물에 대해 깊이 이해하는 데 도움이 되는 효과적인 도구이다. 페이지 인사이트 탭에서는 페이지 타겟의 관심사와 연령 등의 정보를 확인할 수 있으며, 행동에 대한 참여 지표도 볼 수 있다. 인사이트 정보를 활용하여 타겟의 특성과 이들의 참여를 지속적으로 유도할 수 있는 콘텐츠로 지속적으로 개선해 나가는 것이 중요하다.

팬 수가 100명 이상일 때 페이지 인사이트를 활용하는 것이 좋으며, 페이지 인사이트에서는 아래 표의 인사이트 지표를 제공한다.

인사이트	제공 지표	상세 설명
페이지 요약	페이지 행동	사람들이 페이지의 연락처 정보 및 행동 유도 버튼을 클릭한 횟수
	페이지 조회	로그인 또는 로그아웃한 사람들이 페이지의 프로필을 조회한 횟수
	페이지 미리보기	사람들이 콘텐츠를 미리보기 위해 페이지 이름 또는 프로필 사진에 커서를 가져간 횟수
	페이지 좋아요	페이지를 좋아하는 사람 중 새롭게 추가된 사람의 수를 좋아요를 누른 위치에 따라 광고 및 비광고로 나누어 각각 집계한 추산 수치
	게시물 도달	화면에 페이지의 게시물을 표시한 사람의 수를 전체, 일반 및 홍보로 나누어 집계한 추산 수치
	스토리 도달	화면에 페이지의 스토리를 표시한 사람의 수를 전체, 일반 및 홍보로 나누어 집계한 추산 수치
	추천	사람들이 페이지를 추천한 횟수
	게시물 참여	사람들이 좋아요, 댓글, 공유 등을 통해 게시물에 참여한 횟수
	응답률	응답률은 비즈니스에서 응답한 메시지의 비율이다. 응답 시간은 가장 빠른 응답시간의 90%를 기준으로 페이지에서 응답하는 데 걸린 평균 시간이다.

인사이트	제공 지표	상세 설명
페이지 요약	동영상	페이지의 동영상이 3초 이상 재생된 횟수 또는 총 길이가 3초 미만인 경우 총 길이에 가깝게 재생된 횟수를 전체, 광고 및 비광고로 나누어 집계한 수치 동영상이 1회 재생되면 Facebook은 동영상이 다시 재생된 시간은 제외
	페이지 팔로워	페이지를 팔로우한 사람 중 새롭게 추가된 사람의 수를 유입 경로에 따라 광고 및 비광고로 나누어 집계한 추산 수치
	주문	선택한 기간에 접수된 주문 건수와 수익
최근 홍보		최근에 페이지에서 홍보된 게시물(광고)과 성과
최근 게시물 5개		최근에 페이지에 게재된 일반 게시물과 성과
경쟁 페이지		페이지를 추가하여 페이지의 성과를 Facebook 게시물의 성과와 비교한다. 예를 들어, 경쟁사 페이지에 관심이 있다면 해당 페이지를 추가하여 성과를 살펴볼 수 있다.

(3) 페이스북 페이지를 성장시키기 위한 아이디어

- 행동 유도 버튼 활용하기
- 참여 가능한 게시글로 댓글 및 공유 유도하기
- 리뷰/추천 후기 공유하기
- 비즈니스의 할인이나 다양한 소식 공지하기
- 업계와 관련된 소식 공유하고 정보를 제공하기
- 가장 인기 있는 게시물은 광고를 활용해 타겟에 도달하기
- 비즈니스와 관련된 커뮤니티 그룹을 생성해서 고객 관리하기
- 스토리 활용하기
- 인스타그램을 연동하고 페이지의 다양한 기능을 활용하여 소통하기

(4) 페이스북 커뮤니티 규정을 지켜 페이지 품질 관리하기

페이스북 캠페인을 운영하면서 아래의 커뮤니티 규정을 위반하여 페이스북 프로필 접속이 차단당한 후 페이지 생성까지 차단당해 어려움을 겪는 사례가 많다. 특히 뷰티/건강식품/성형외과 등의 콘텐츠들이 아래의 커뮤니티를 위반하는 경우가 많은데, 반드시 인지하고 위반하지 않게 관리해야 한다.

- 최근 커뮤니티 규정을 위반한 페이지
- 지적 재산권 위반 및 다른 소스 콘텐츠를 너무 많이 공유하는 위반

- 페이스북 추천 콘텐츠에 적합하지 않은 콘텐츠를 페이스북 페이지에 공유할 경우

  A. 자해, 자살 또는 섭식 장애를 다루는 콘텐츠

  B. 싸움과 같이 폭력을 묘사할 수 있는 콘텐츠(자살 또는 자해를 조장하는 콘텐츠 등)

  C. 속이 다 비치는 옷 또는 나체이미지/선정행위가 포함된 선정적인 콘텐츠

  D. 추천할 수 없는 계정 또는 단체에서 공유한 콘텐츠

  E. 미용 시술을 홍보하거나 묘사한 콘텐츠

  F. '기적의 치료제'와 같이 건강에 대한 과장된 주장이 포함된 콘텐츠

  G. 다이어트에 도움이 되는 보조제 등 건강 관련 제품 또는 서비스 판매하는 콘텐츠

  H. '위험이 없는 투자'와 같이 오해의 소지가 있거나 거짓 정보의 금융 콘텐츠

  I. 참여 유도를 위한 낚시성 콘텐츠 혹은 랜딩페이지의 품질이 낮거나 사기성 콘텐츠

  J. 품질이 낮은 게시물과 관련된 콘텐츠(원본을 재가공한 독창성이 낮은 콘텐츠)

  K. 국제 보건의료기관에서 잘못된 내용이라고 널리 밝힌 백신 관련 허위정보

  L. 페이스북 커뮤니티를 위반한 계정 및 단체의 페이지 등의 콘텐츠

- 상세 커뮤니티 규정 확인하기 : https://www.facebook.com/help/1985220725104252
- 페이스북 페이지 품질은 Creator Studio > 설정 > 페이지 품질에서 아래와 같이 확인할 수 있다.

(5) 페이스북 콘텐츠 수익화하기

페이스북은 크리에이터와 퍼블리셔가 콘텐츠를 수익을 창출할 수 있는 방법이 있다.

- 주문형 인스트림 광고 : 인스트림 광고로 동영상 전후 또는 중간에 짧은 광고를 포함하여 수익을 올릴 수 있다. 콘텐츠 내에서 중단지점은 자동으로 지정하거나 원하는 위치를 선택할 수 있다. 자격요건은 팔로워 10,000명, 최근 60일간 달성한 시청시간 600,000분, 페이지 5개 이상 영상 게시되어야 하며 '크리에이터스튜디오'에서 확인할 수 있다.

A. 프리롤 광고 : 프리롤 광고는 동영상이 시작하기 전에 재생된다.

B. 미드롤 광고 : 미드롤 광고는 동영상 콘텐츠의 중간에 삽입되어 재생되기 때문에 자연스러운 중단 시점이 있는 동영상 콘텐츠가 가장 적합하다.

C. 이미지 광고 : 콘텐츠 아래에 고정되어 표시되는 광고이다.

D. 포스트롤 광고 : 동영상의 마지막에 표시되는 광고이다.

• 팬 구독 : 팬 구독을 사용하면 충성도 높은 팬이 특별 혜택을 받기 위해 매달 일정 금액을 지불하여 페이지에 지원하도록 유도할 수 있다. 독점 콘텐츠, 친밀한 소통, 제품 할인 등의 서포터 혜택을 맞춤 설정할 수 있다. 페이지 구독하는 팬에게는 서포터 배지가 부여된다.

• 브랜디드 콘텐츠 : 브랜디드 콘텐츠는 크리에이터 또는 퍼블리셔가 비즈니스 파트너와 가치를 교환하기 위해 만든 콘텐츠로 비즈니스 파트너를 직접 언급하거나, 영향을 받은 내용을 포함할 수 있다.

• 라이브 방송 : 별을 통해서 라이브 방송 중 수익 창출이 가능하나 현재 일부 크리에이터와 아티스트들에 한해 베타 버전을 제공 중이다. (2022년 3월 기준)

(6) 페이스북에서 제공하는 다양한 기능 알아보기

페이스북은 소셜미디어를 대표하는 매체로 사람들을 연결하는 기술을 구축하는 데 그 핵심 가치를 가지고 있다. 페이스북에서 제공하는 기능이지만 많은 사람들이 활용하지 않는 기능들이 많이 있다. 비즈니스와 관련이 없지만 페이스북을 이해하는 데 도움이 될 수 있으니 체크해 보자.

• 페이스북 데이팅 기능 : 새로운 사람을 만나는 데 관심이 있다면 데이팅 프로필을 만들어서 데이팅에 관심 있는 사람에게 좋아요나 메시지를 보낼 수 있다.

• Translate Facebook 앱 : 페이스북의 인터페이스를 다른 언어로 번영할 수 있는 앱

• 페이스북 Messenger의 영상 통화 및 키즈 메신저(Kids Messenger)

• 페이스북 Watch TV 앱 : TV가 스트리밍 기기에 연결되어 있다면 Watch 영상 연동 가능

• 페이스북 사용자와 이벤트를 만들어 실제로 만나는 모임을 계획할 수 있다.

• 기부 캠페인 및 기부

• 페이스북 웹 게임 : 게임산업진흥에 관한 법률에 따라 등급이 매겨지지 않은 게임은 한국에서 이용할 수 없다.

2) 인스타그램(Instagram) 프로페셔널 시작하기

인스타그램은 모바일에서 사진과 동영상을 공유하기 위해 만들어진 소셜네트워킹 앱이다. 매월 10억 명 이상이 활동하는 글로벌 커뮤니티인 인스타그램을 비즈니스의 도구로 시작하는 방법에 대해 알아보자. 페이스북 페이지와 달리 프로페셔널 계정으로 전환해야 비즈니스에 필요한 기능을 활성화할 수 있다. 인스타그램(Instagram) 설정의 '프로페셔널 계정으로 전환" 옵션을 이용하면 프로페셔널 계정으로 바꾸거나 다시 개인 프로필로 되돌릴 수 있다. 만일 여러 개의 계정을 관리하는 경우 다중 계정 로그인 설정을 통해서 5개까지 관리할 수 있다.

인스타그램 프로페셔널 계정이 제공하는 이점은 다음과 같다.
- 비즈니스가 게시하는 콘텐츠와 팔로워에 대한 인사이트
- 타겟과 콘텐츠 성과 관련 상세 정보를 파악할 수 있는 프로페셔널 대시보드 활용
- 대화에 플래그를 지정하여 메시지를 더욱 쉽게 관리할 수 있다.
- 비즈니스가 제품과 서비스를 홍보하고 판매할 수 있는 인스타그램 쇼핑 및 광고

(1) 인스타그램(Instagram)의 주요 구성 요소

인스타그램은 메타의 앱 패밀리 중에서 가장 시각적인 효과가 뛰어나고 창의적인 플랫폼이다. 다른 플랫폼과 비교해봤을 때 사람들은 자신이 좋아하는 브랜드의 최신 소식을 인스타그램에서 가장 많이 접한다고 한다.[1]
- 인스타그램 스토리 : 2016년 출시된 인스타그램 스토리는 모바일 전체 화면, 저장하지 않으면 24시간 안에 사라지는 콘텐츠, 스티커, 이모티콘, GIF 같은 인터렉티브한 크리에이티브 기능들이 특징이다.
- 인스타그램 피드 : 2010년 출시된 인스타그램 피드의 콘텐츠는 화면에서 차지하는 부분이 적지만 삭제하지 않으면 프로필에 영구적으로 보관되며, 필터를 사용해서 편집할 수 있다.
- 인스타그램 릴스 : 숏폼(Short Form)영상을 찍고 편집하여 재미있는 동영상을 제작할 수 있다.
- 인스타그램 Shop : 브랜드 사진과 동영상을 통해 제품을 강조해서 쉽게 발견할 수 있게 하며 쇼핑을 즐길 수 있도록 하는 솔루션 기능. 페이스북과 함께 커머스 관리자에서 통합으로 관리할 수 있다.
- 인스타그램 검색 : 검색어 기반으로 계정, 오디오, 해시태그, 장소 등의 검색기능 제공

---

1) Global Media Consumer Research Study, Platforms(글로벌 미디어 소비자 리서치 연구, 플랫폼), Ipsos Marketing(한국, 독일, 미국, 브라질, 영국, 인도, 일본, 캐나다, 프랑스, 호주의 18~64세 월간 모바일 인터넷 사용자 25,004명을 대상으로 진행된 페이스북 위탁 온라인 연구), 2020년 10월~11월

(2) 인스타그램 스토리(Instagram Story) 적극적으로 활용하기

사람들이 인스타그램 피드 보다 스토리를 선호하는 상황을 이해하면 콘텐츠 제작에 응용할 수 있다. 사례 연구에 따르면 '일상의 순간'과 '유쾌하고 재미있는 콘텐츠'를 보고 싶을 때 피드보다 스토리를 선호 한다고 한다.[2]

• 인스타그램 스토리 꾸미기

: 친근하고 소통하는 이미지의 브랜드를 만들기 위해 스토리의 다양한 기능을 활용해서 콘텐츠를 제작하고 프로모션에 활용할 수 있다. 아래와 같이 힙하고 트렌디한 콘텐츠를 제작하는 전문 크리에이터들도 있으니 참고해 보도록 하자.

[이미지 출처 : 크리에이터 공률(@ryul.x.___) 인스타그램 스토리]

---

2) Sentient Decision Science가 진행한 '인스타그램 스토리 and Feed' 연구(만 13세~55세 대상, 브라질 2,400명, 인도네시아 2,300명, 영국 2,300명, 미국 2,400명을 대상으로 진행된 페이스북 위탁 연구), 2017년 10월.

- 인스타그램 스티커를 활용하여 고객과 소통하기

  : 질문하기, 투표, 설문과 같은 다양한 스티커를 활용해 고객과 소통하는 친숙한 브랜드 이미지를 구축하는
  브랜드 마케팅 전략에 활용할 수 있다.

[이미지 설명 : 스티커의 다양한 기능]

- Meta Spark Studio를 활용한 AR 필터 제작

  : 일방적인 브랜드 메시지 전달이 아닌, 소비자가 경험하고 가지고 놀 수 있는 AR 필터가 마케팅에 최근
  많이 활용되고 있다. AR 필터는 MZ 세대에게 익숙한 놀이문화로 자리매김되어 있으며, 브랜드가 전달
  하고자 메시지와 함께 즐거움을 전달하는 것이 중요하다.

[이미지 설명: 왼쪽부터 에르메스, 스타필드, 비비고 AR필터]

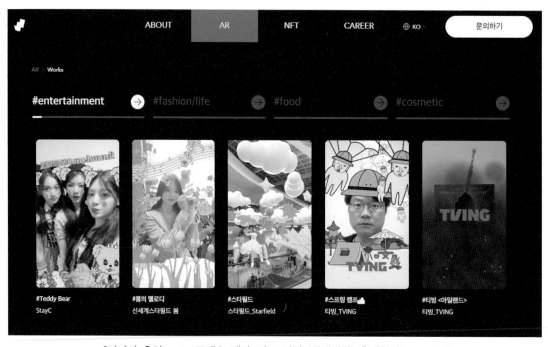

[이미지 출처 : AR 콘텐츠 제작 전문 기업 '위에이알' 홈페이지(we-ar.kr)]

제작된 AR 콘텐츠는 비즈니스 광고 계정의 광고 수준에서 타겟에게 광고로 활용할 수 있다.

AR 광고를 만들기 위해서는 Spark AR Studio에서 필터를 제작이 필요하며, Spark AR Hub에서 필터를 업데이트한 후 광고에 활용할 수 있다.

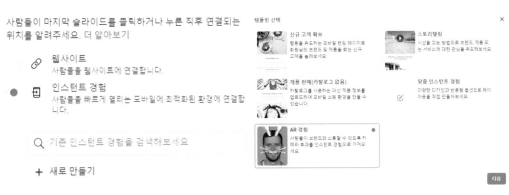

[이미지 설명 : 광고관리자 세팅화면]

(3) 인스타그램 피드(Instagram Feed) 콘텐츠는 해시태그 활용은 필수!

인스타그램 피드에서는 새로운 브랜드와 제품을 발견하고 스토리에서는 브랜드나 제품보다는 소통을 위한 콘텐츠 혹은 관심사 등을 공유하는 것이 효과적이다. 관심도 높은 콘텐츠에 해시태그는 필수요소로 삽입해야 한다. 단, 태그를 무분별하게 남용하는 건 좋지 않다.

- 비즈니스와 동종 업계 해시태그(#화장품, #스킨케어, #헤어메이크업 등)
- 특별한 이벤트 또는 시즌을 나타내는 해시태그(#삼겹살데이, #발렌타인데이 등)
- 위치를 사용하는 해시태그(#부산카페, #이태원, #스타벅스 등)
- 일상 관련 해시태그(#오늘은뭐입지, #월요일동기부여 등)
- 비즈니스와 관련된 문구를 포함하는 해시태그
- 트렌디한 약어를 포함하는 해시태그(#OOTD 등)
- 이모티콘을 활용한 해시태그

(4) E-Commerce 비즈니스를 위한 인스타그램 쇼핑(Instagram Shopping) 시작하기

인스타그램 쇼핑을 시작하기에 앞서 제공되는 기능들을 먼저 체크해보자.

- 인스타그램 Shop : 비즈니스 프로필에서 바로 제품을 구매할 수 있는 온라인 매장
- 쇼핑 태그 : 고객들이 비즈니스의 웹사이트나 앱에서 제품을 구매할 수 있도록 안내하는 카탈로그의 제품을 추천하는 태그로 피드, 스토리, 릴스 게시물당 5개까지 사용할 수 있다.

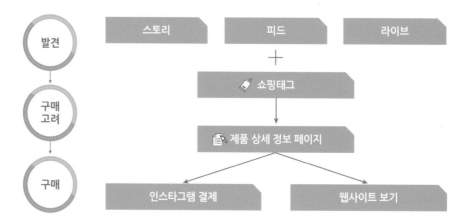

[이미지 설명 : 쇼핑태그를 이용한 구매유도 전략]

- 탐색 탭에서 Shop 검색 : 사람들이 탐색 탭에서 브랜드와 크리에이터의 태그된 구매 가능한 콘텐츠를 둘러볼 수 있는 Shop 검색 탭이다.
- Shop 컬렉션 : 상거래 관리자에서 제품 컬렉션을 만들고 추천하여 인스타그램 Shop을 방문한 고객이 적합한 제품을 찾도록 할 수 있다.
- 제품 상세 정보 페이지 : 제품에 초점을 맞춘 페이지로, 하나의 제품에 대해 가격과 자세한 설명 등을 비롯한 관련 정보를 보여준다. 이러한 상세 정보는 비즈니스의 제품 카탈로그에서 가져온다.
- 쇼핑 태그 광고 : 광고관리자와 인스타그램 앱에서 새로운 쇼핑 태그 광고를 만들거나 기존 쇼핑 게시물을 홍보하여 쇼핑 가능한 콘텐츠의 도달 범위를 넓힐 수 있다. 이러한 광고는 전환, 링크 클릭 및 게시물 참여를 유도한다.

기능을 확인했다면 인스타그램 Shop에서 제품을 판매하기 위한 과정을 알아보자.

첫 번째, 사람들이 상품을 구매할 수 있도록 카탈로그를 추가하고 연동,

두 번째, 카탈로그(Catalog)에 제품의 간결한 설명과 4개 이상의 고해상도 이미지 또는 동영상, 제품의 속성 (색상, 크기, 소재), 정확한 배송 정보를 입력,

세 번째, 제품이 사용자에게 발견될 수 있도록 피드, 스토리, 릴스에 쇼핑 태그와 함께 게시,

네 번째, 커머스 관리자에서 프로모션 혜택 설정하고 사용자 제작 콘텐츠(UGC) 기능을 통해 제품의 구매의 향을 높일 수 있다.

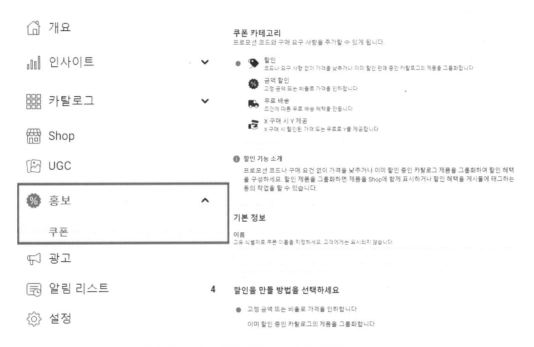

[이미지 설명 : 상거래관리자에서 프로모션 설정하기]

사용자 제작 콘텐츠(UGC)

Shop에 UGC를 표시하여 판매를 유도하고 고객과의 신뢰를 높여보세요. 사용 방법 알아보기.

사용 가능한 콘텐츠　　저장됨　　요청한 콘텐츠　　표시된 콘텐츠

표시 가능 > 커뮤니티 콘텐츠 늘리기

게시물과 스토리를 만들거나 커뮤니티에 표시될 기회를 얻기 위해 회원님의 브랜드를 태그하도록 요청하는 알림을 보내보세요.

커뮤니티에 알림 보내기

30일마다 한 번 사용 가능

Instagram에서 회원님을 팔로우하는 사람이나 이전에 Instagram에서 회원님을 통해 쇼핑한 적 있는 사람에게 회원님의 제품이 포함된 게시물에 회원님을 태그하도록 유도하는 알림이 전송됩니다.

알림 미리 보기

게시물 만들기

Instagram에서 회원님을 팔로우하는 사람이나 최근에 회원님 또는 회원님의 Shop과 소통한 적 있는 사람에게 회원님의 제품이 포함된 게시물에 회원님을 태그하도록 유도하는 알림이 전송됩니다.

게시물 만들기

스토리 만들기

Instagram에서 스토리를 공유하여 커뮤니티에서 회원님의 제품이 표시된 게시물에 회원님을 태그하거나 언급하도록 유도해보세요.

스토리 만들기

돌아가기

[이미지 설명 : 상거래관리자 > UGC 설정하기]

 알아두면 좋은 팁

글로벌 소셜미디어 캠페인 운영 시 Meta for Business는 결제기능을 일부 국가에서 제공한다. 인스타그램의 경우 미국 내 자격을 갖춘 비즈니스와 크리에이터 계정에서 이용할 수 있다. 결제기능을 사용하게 되면 제품 출시, 쇼핑파트너 권한, 라이브쇼핑에서 제품 태그 하는 기능을 사용할 수 있다. 글로벌 비즈니스를 전개할 경우에는 메타 비즈니스에서 해당 국가와 관련된 기능들을 필히 체크하도록 하자.

3) 비즈니스의 소통을 위한 앱 : Messenger

비즈니스에서는 관계가 핵심적인 요소이며 관계에서 대화는 매우 중요한 역할을 한다. 특히 쌍방향 커뮤니케이션이 중요한 소셜미디어 마케팅 전략에서 '메시지'는 고객과 소통하는 강력한 수단이다. Meta for Business에서는 Meta (Facebook) Messenger, Instagram Direct Messenger를 통합으로 관리할 수 있다.

(1) 메신저(Messenger)가 비즈니스에 어떤 도움을 줄 수 있을까?

- 충성고객확보 : 익숙한 플랫폼에서 직접적인 대화 수단을 제공함으로써 고객확보에 용이하다.
- 쇼핑거래 활성화 : 문의 사항에 응답하고 관련 제품을 추천하여 판매를 늘려보자.
- 브랜드 인지도 증대 : 대화를 통한 긍정적인 경험은 고객과 유의미한 관계를 형성한다.
- 편리한 응대 서비스 제공 : 고객서비스의 전략으로 활용 가능하다.

(2) 메신저를 이용한 쇼핑 가이드 : 고객의 구매 유도

- 비즈니스 목표를 정의하고 집중하기 : 구매를 고려하고 있는 신규 고객을 확보하거나 오랫동안 활동이 없는 고객의 재참여를 유도한다. 기존 고객의 생애 가치(Life Time Value)를 높이려는 경우 메신저를 이용해서 대화를 할 수 있는 다양한 전략을 구축하는 것이 중요하다.
- 업종에 특화된 비즈니스만의 메신저 환경 구축하기 : 비즈니스가 고객의 요구사항을 이해하고 제품군을 바탕으로 고객이 관심이 있는 제품을 찾을 수 있도록 도움을 줄 수 있다. 업종 템플릿이나 빠른 답장과 같은 메신저 기능을 활용해서 구매유도를 해보자.
- 메신저가 비즈니스 성과에 미치는 영향을 확인하고 최적화하기
- Meta 파트너 디렉터리에서 메신저 플랫폼 개발 파트너를 찾는 것도 하나의 방법이다.

4) 글로벌 인스턴트 메시징 앱 : WhatsApp

왓츠앱에서는 빠르고 단순하게 전 세계 모든 사람과 메시지를 주고받을 수 있다. 왓츠앱 이용자수는 월 20억 명(페이스북 2020년 2월 데이터), 일 5억 명(페이스북 2019년 1분기)으로 글로벌 비즈니스를 시작한다면 왓츠앱(WhatsApp)을 활용한 마케팅 전략도 고려해야 한다. 왓츠앱(WhatsApp)에서는 두 가지 방법으로 비즈니스 프로필을 설정할 수 있다.

① 왓츠앱 비즈니스 앱 : 소규모 비즈니스 운영자를 위해 제작되었으며, 메시지를 자동으로 처리하고 빠르게 답장하여 고객과 편리하게 소통할 수 있다.

② 왓츠앱 비즈니스 API : 대규모 비즈니스와 브랜드에서 고객에게 대량의 메시지를 효과적으로 전성할 수 있다. (비즈니스 고객센터 : https://www.facebook.com/business/help/2055875911147364)

2020년 메타의뢰연구에 따르면 COVID-19 전염병이 소비자 쇼핑을 변화시키면서 '옴니채널 쇼핑'과 '대화형 커머스'가 크게 부상했다. 대화형 상거래에서 메신저 앱은 중요한 수단으로 자리 잡고 있다. 한국에서는 사용이 생소하지만 글로벌에서의 왓츠앱(WhatsApp) 점유율이 매우 높으며, Meta Messenger와 함께 전략적으로 활용이 가능하다.

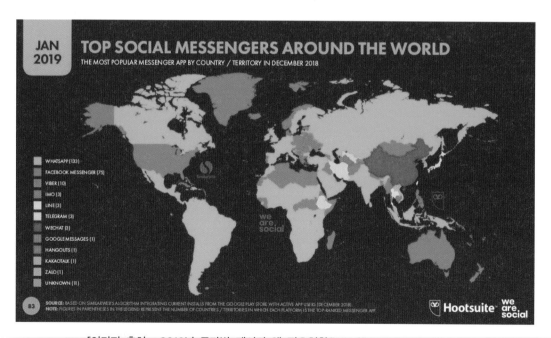

[이미지 출처 : 2019년 국가별 메시지 앱 점유현황(http://hootsuite.com)]

5) Meta Audience Network 이해하기

Meta for Business 타겟팅 기능을 사용해서 수천 개의 모바일 앱에서 효과적인 광고를 게재할 수 있다. Audience Network를 사용하면 Meta for Business의 광고 솔루션을 이용해서 다양한 퍼블리셔 및 게임 앱 등을 통해서 광고를 게재할 수 있다.

(1) Audience Network의 수익창출

퍼블리셔는 Audience Network SDK를 이용해서 Meta에게 광고를 노출할 수 있는 지면을 제공함으로써 수익창출의 기회를 얻을 수 있다.

- 보상형 동영상 광고 : 앱 내에서 구매를 하지 않는 게이머들에게 보상을 제공
- 전면광고 : 전면광고는 짧은 대기 시간으로 몰입도 높게 광고로 제공
- 네이티브 광고 : 최대한 사용자를 방해하지 않는 형식으로 콘텐츠를 보완하는 형태로 제공
- 배너광고 : 앱의 원하는 위치에 게재할 수 있는 작은 광고로 제공

(2) 수익 창출에 대한 기본 정보와 여러 요소

게재한 광고를 통해 수익이 계산되는 방법을 알아보고 Audience Network 광고의 여러 요소를 알고 이해하도록 하자. 캠페인 전략 설계에 있어 노출지면을 이해하는 것은 매우 중요하다.

- 입찰 수익이 계산되는 방법 : 일별 광고 수익 / 일별 활성화 사용자 = ARPDAU
- CPM (1,000회 노출 당 유효비용) × 노출수 = 수익
- Audience Network 광고의 다양한 요소

3. Meta for Business의 광고 시작하기

다양한 미디어의 발달로 비즈니스를 시작할 때 마케팅 미디어믹스에서 고려해야 할 광고 채널이 다양해졌다. 그중에서 Meta for Business를 Paid Media의 광고 도구로써 활용하기 위해서는 광고 솔루션을 심층적으로 이해할 필요가 있다. 기본적으로 Meta for Business는 고객 구매 여정에서 마케팅 퍼널(Marketing Funnel)의 브랜드 인지도(Brand Awareness), 고려(Consideration), 전환(Conversion)이라는 세 가지 주요 단계를 기반으로 설계되었다.

[폴란드 실내 스카이다이빙 센터의 광고 성공사례]

① 브랜드 인지도(Brand Awareness)

Meta의 앱 패밀리에서 광고에는 다이빙을 체험하는 사람들의 모습을 담은 영상을 활용해서 노출

② 고려(Consideration)

영상을 조회한 유저 혹은 Meta의 타겟팅 기능과 광고 형식을 활용해서 웹사이트 방문 및 예약 문의 유도

③ 전환(Conversion)

Dynamic Ads를 활용해 리타겟팅 광고에 제품 카탈로그에서 가장 관련성 높은 쿠폰을 자동으로 가져오도록 진행

※ 출처 : Flyspot: 페이스북 다이내믹 광고를 통해 판매 수익성 증대:
https://www.facebook.com/business/success/flyspot

1) Meta for Business 비즈니스 관리자 설정 및 권한 관리하기

다수의 클라이언트를 보유한 경우 대행사는 비즈니스 관리자를 사용하여 광고 계정과 비즈니스 자산을 관리하고 직장 동료와 파트너와 협업해야 한다. 비즈니스 자산에는 페이스북 페이지, 인스타그램 계정, 타겟, 카탈로그 등이 있다.

광고 에이전시의 경우 자산 및 광고 계정의 소유권은 광고주가 보유한 상태에서 자산을 파트너 할당 받아 업무를 진행할 수 있으며, 광고주는 필요에 따라 유연하게 대행사를 변경하며 관리할 수 있다.

① 비즈니스 관리자 설정하기

비즈니스 관리자는 한 조직이 하나의 비즈니스 관리자를 생성하여 운영자와 직원들을 초대하여 관리하면 된다. Business.facebook.com에서 비즈니스 관리자 계정 만들기를 선택하고 개인용 계정으로 로그인하여 생성하면 된다.

비즈니스 관리자 생성 시 또 다른 페이스북 프로필을 만들 필요가 없으며, 내부 조직원은 초대하고, 외부 조직에게는 생성된 자산을 파트너 할당하여 관리해야 한다.

[이미지 설명 : 비즈니스 관리자 접속화면]

② 비즈니스 관리자에 사람 추가하기

비즈니스 관리자에는 역할에 따라 권한을 부여할 수 있다.

- 운영자 : 비즈니스 관리자를 최초 설정한 사람에게는 자동으로 운영자 역할이 할당되며, 부재나 퇴사할 경우 대신 작업할 수 있는 1명을 추가 운영자로 할당

- 직원 : 조직에 속한 사람 대부분은 직원으로 추가하는 것을 권장

- 재무 : 고급옵션을 사용하여 재무 관련 역할을 할당할 수 있으며, 인보이스, 계정 지출 금액, 결제 수단과 같은 재무 업무를 관리할 수 있다.

- 비즈니스 파트너 : 조직 외부의 사람들이며, 자산에 대한 엑세스 권한을 부여할 수 있다.

[이미지 설명 : 비즈니스 설정에서 사람 추가 기능 화면]

③ 광고 계정 만들기 및 권한 설정

비즈니스 소유의 광고계정을 관리하는 경우 광고계정을 추가해야 하며, 광고 에이전시(대행사)의 경우 광고주의 계정을 추가하지 않고 엑세스 권한을 요청하거나 혹은 파트너할당을 받아 캠페인을 진행해야 한다. 광고 계정 권한에는 운영자 / 광고주 / 분석자 3가지 수준으로 구분된다.

[이미지 설명 : 비즈니스 설정 > 광고계정 추가 화면]

④ 페이스북 페이지 및 자산의 할당

페이스북 페이지는 광고를 시작하기에 필수로 필요한 자산이며, 유료 광고만 집행하는 대행사의 경우 광고주 권한으로 광고를 집행할 수 있다.

직책	운영자	편집자	중재자	광고주	분석자
역할 및 설정 관리	X				
페이지 수정, 앱 추가	X	X			
페이지 게시물 만들기 및 삭제	X	X			
댓글에 답글 달기, 댓글 삭제	X	X	X		
페이지 이름으로 메시지 보내기	X	X	X		
광고 만들기	X	X	X	X	
카달로그, 픽셀 및 타겟 관리	X	X	X	X	
인사이트 보기	X	X	X	X	X

인스타그램 계정의 경우 1개의 비즈니스 관리자만 계정 연결이 가능하기 때문에 광고주 로그인 정보를 받아 대행사 자산에 추가하지 않도록 하자.

대행사에서 광고주의 자산이 필요한 경우 **비즈니스 정보 > 비즈니스 관리자 ID**를 확인하여 전달하면 자산을 손쉽게 파트너 할당 받을 수 있다.

⑤ 브랜드 가치 보호 관리

콘텐츠 무결성을 위해서 도메인 인증을 진행하고 도메인 액세스 권한을 요청해서 광고 관리를 진행해야 한다. 특히 커머스 관리자(인스타그램 Shop 등) 검수를 위해 필요하다.

도메인 인증이 불가능하거나 곤란한 경우는 주로 아래와 같다.

• 메타태그 삽입이 어려운 경우

  스마트스토어, 쿠팡 등과 같이 자사물이 아닌 경우 메타태그 삽입이 어려우므로 인증이 어렵다.

• 다른 비즈니스 관리자에서 이미 도메인 인증이 된 경우

  도메인 인증은 1개의 비즈니스만 해당 도메인을 인증할 수 있다. 그래서 광고주 도메인을 대행사 비즈니스 관리자에서 인증하면 향후 문제가 발생할 수 있다.

2) Meta for Business 광고 관리자 기본 구조

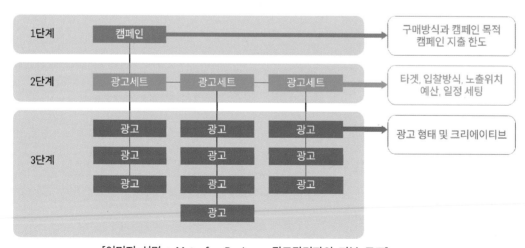

[이미지 설명 : Meta for Business 광고관리자의 기본 구조]

① 캠페인 : 비즈니스의 목표에 맞는 목표(Meta에서 제공하는)를 선택할 수 있다. 캠페인 목적에 따라 이용 가능한 광고 형태 및 입찰방식이 달라지므로 신중히 선택해야 한다.

② 광고 세트 : 광고가 게재되는 방식을 결정한다. 광고 세트 수준에서는 페이스북의 타겟팅 옵션을 사용하고 예산, 일정, 노출 위치를 선택할 수 있다. 타겟 그룹 설정 시 다른 광고 세트와 중복되지 않도록 해야 하며 중복될 경우 광고 세트의 Delivery에 영향을 주어 전체 퍼포먼스가 하락할 수 있다.

③ 광고 : 고객과 타겟에게 표시되는 결과물(콘텐츠)을 말한다. 이미지, 동영상, 기본문구, 행동유도 버튼 등 광고 크리에이티브를 선택하여 세팅할 수 있다. 광고 캠페인 진행 시 전환추적을 할 경우 하단에서 전환 픽셀 등 옵션을 필히 체크할 수 있도록 하자.

3) 비즈니스 목표와 광고 캠페인 목표 설정하기

페이스북은 비즈니스의 목표를 마케팅 퍼널을 기반으로 브랜드 인지도, 관심 유도, 전환의 세 가지 카테고리로 구분한다. 각 카테고리 내의 여러 목표 중 하나를 선택할 수 있다. 브랜드 또는 제품을 인지하는 단계에서 관심을 갖는 과정을 거쳐 전환까지 이르도록 유도할 목적으로 설계 되었다.

① 인지도(Awareness) 목표 : 가능한 많은 사람들에게 도달하거나 광고 상기도를 증대시킨다.

목표	비즈니스 목표
브랜드 인지도 Brand Awareness	비즈니스, 브랜드 또는 서비스에 대한 인지도를 높인다. 브랜드 인지도 목표를 사용하면 광고를 본 사람에게 2일 이내에 물어봤을 때 해당 광고를 기억할 것으로 추정되는 사람 수인 '추산 광고 상기도 성과 증대(사람수)' 지표를 확인할 수 있다.
도달 Reach	타겟에 해당하는 최대한 많은 사람들에게 광고를 노출한다 예를 들어 비즈니스가 특정 위치 반경 내에 사람에게 도달하려면 위치 타겟팅을 사용하여 광고를 효율적으로 노출할 수 있다. 브랜드 또는 신제품의 인지도를 높이고 싶은 경우 "도달 및 빈도" 경매 방식으로 입찰하여 빈도관리를 설정할 수도 있다.

② 고려(Consideration) 목표 : 클릭을 통해 웹사이트를 방문하거나 게시물, 앱 또는 동영상에 반응을 보일 가능성이 가장 높은 사람들에게 도달한다. 광고 노출 위치와 크리에이티브 옵션은 캠페인의 목표에 따라 달라지며, 캠페인 목표 달성에 도움이 되는 옵션만 제공한다.

목표	비즈니스 목표	세부기능
트래픽	비즈니스, 브랜드 또는 서비스에 대한 인지도를 높인다.	- Web site 트래픽 - App Traffic (앱 참여) - Messenger - WhatsApp - Phone Call
참여	타겟에 해당하는 최대한 많은 사람들에게 광고를 노출한다.	- 게시물 홍보하기 - 페이지 홍보하기 - 페이지 이벤트 참여도 늘리기
앱설치	더 많은 사람들이 앱을 설치하도록 유도하고, 앱 이벤트에 최적화하거나 가치 최적화를 통해 가장 가치 있는 고객을 확보한다.	Meta 개발 사이트에 등록된 앱 Facebook SDK or 3rd Party SDK (MMP)
동영상 조회	동영상 광고가 최대한 많이 재생되도록 최적화한다. 광고를 연소 2초 또는 15초 이상 시청할 가능성이 가장 큰 사람들에게 노출한다.	ThruPlay (권장) : 동영상 15초 이상 시청할 사람에게 최적화
잠재고객 확보	비즈니스에 맞는 잠재고객을 확보한다, DB 수집이나 뉴스레터 신청과 같은 광고를 만들거나 비즈니스에 전화를 걸도록 유도할 수 있다	잠재고객용 양식을 만들어 활용 가능 전화유도 및 Messenger로 고객과 소통
메시지	Messenger, Instagram Direct, WhatsApp에서 사람들과 소통한다. 잠재고객 또는 기존 고객과 소통하여 비즈니스에 관심을 갖도록 한다.	대화 시작 및 잠재고객 확보, JSON코드로 템플릿을 직접 만들 수 있다.

③ 전환(Conversion) 목표 : 구매를 하거나 오프라인 매장을 방문할 가능성이 가장 높은 사람에게 광고를 노출하는 데 도움을 준다.

목표	비즈니스 목표
전환	사람들이 비즈니스의 웹사이트, 앱, Messenger에서 가치 있는 행동을 하도록 유도한다. 전환 광고를 게재하려면 먼저 웹사이트 픽셀 혹은 Facebook SDK가 설치되어야 한다.
카탈로그 판매	타겟을 기반으로 카탈로그의 제품을 노출하여 구매유도를 한다. (다이내믹광고) 광고를 게재하기 전에 데이터 소스 > 카탈로그 생성되어야 한다.
매장유입	오프라인 매장 방문수를 늘리는 캠페인 광고를 진행한다.

4) Meta for Business의 구매방식과 입찰방식

Meta의 세 가지 구매 유형인 경매, 도달 및 빈도, TRP 구매에 대해 알아보자.

[이미지 설명 : Meta for Business에서 제공하는 구매방식]

(1) 경매기반의 구매방식

광고관리자의 기본 구매 옵션은 경매이다. 광고 경매를 통해 정해진 시점에 타겟에게 표시될 최적의 광고를 결정한다. 낙찰된 광고는 캠페인 목표를 기준으로 광고를 보는 사람과 비즈니스의 가치를 극대화한다. 경매에 영향을 미치는 총 가치는 총 3가지 주요 요인을 조합하여 결정한다. 아래 요인 중 추산 행동률과 광고 품질은 모두 광고 "관련성"을 측정한다. 관련성이 높은 경매에는 광고 보조금이 지급되어 경쟁하는 광고와 비용경쟁에서 이길 수 있다.

- **입찰가** : 해당 광고에 설정한 입찰가로 원하는 결과를 달성하기 위해 지불할 의향이 있는 금액이다. 광고 경매에서 입찰가를 관리하는 방법에는 여러 가지가 있다.
- **추산 행동률** : 특정 사람이 특정 광고에 반응하는 행동의 추정치로 타겟에게 광고를 노출해 광고주가 원하는 결과를 얻을 수 있는 가능성을 말한다.
- **광고품질** : 광고를 보거나 숨기는 사람들의 피드백이나 품질 등 다양한 요소를 평가하여 측정한다.

[이미지 설명 : Meta for Business의 광고 경매 진행방식]

(2) 도달 및 빈도 구매방식(자격을 갖춘 계정만 적용)

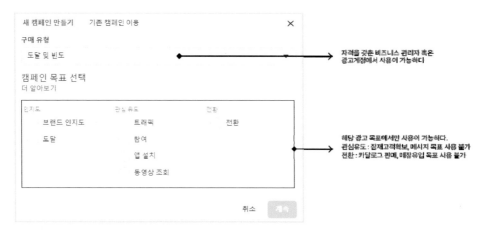

[이미지 설명 : 도달 및 빈도 구매의 캠페인 설정 화면]

도달 및 빈도 구매 유형을 사용하면 광고 게재를 예측하고 캠페인의 빈도를 더욱 세밀하게 관리하여 캠페인을 미리 계획하고 구매할 수 있다. 타겟에 기반해 고정 CPM을 선택할 수 있으므로 캠페인을 예약하기 전에 지불해야 하는 금액을 확인할 수 있다.

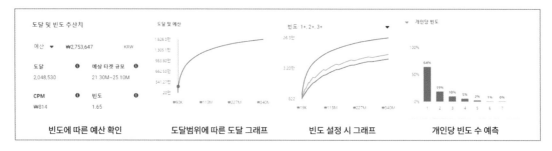

[이미지 설명 : 도달 및 빈도 구매 시 예측 가능한 수치 예시]

① 도달 및 빈도 구매 옵션을 사용해야 하는 경우

- 200,000명을 초과하는 타겟에게 도달
- 광고 도달 범위의 예측 가능성이 중요한 경우
- 사람들이 광고를 보는 횟수를 제어
- 캠페인을 미리 계획하고 예약해야 하는 경우

② 도달 및 빈도 구매 시 주의해야 할 부분

도달 및 빈도 구매방식은 "예약"을 하는 방식이기 때문에 캠페인을 시작한 후에는 경매 구매방식과 달리 주의해야 할 부분이 있다.

- 캠페인 날짜 : 광고 세트 수준에서 캠페인의 기간을 연장할 수 있지만 단축할 수는 없다. 도달 및 빈도 캠페인은 최대 90일 동안 진행할 수 있다.
- 예산 : 게재 중인 캠페인의 예산은 최소 예산을 초과하는 범위 내에서는 늘릴 수 있으며, 최소 예산은 줄일 수 없다.
- 수정이 완료되면 예측값을 자동으로 계산하며, 수정 후의 예측값이 적용되기 때문에 최초 CPM보다 높은 입찰가가 반영될 수 있으니 주의하도록 하자(광고 크리에이티브는 예외).

③ 도달 및 빈도 구매의 광고 게재방식

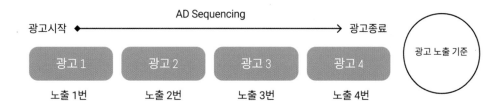

[이미지 설명 : 광고 게재방식 구조]

- 광고순서지정(Ad Sequencing) : 최대 50개 광고의 순서를 원하는 대로 정렬해서 타겟에 노출할 수 있다. 브랜드 스토리를 전달하려는 경우 적합하다. 광고 1이 노출되면 다음 광고가 순차적으로 게재된다. 광고 2가 게재되는 사람이 광고 1의 콘텐츠에 반응했는지 여부는 알 수 없다.
  - 주의사항 : 포함할 수 있는 광고의 수는 캠페인의 일정 및 노출빈도에 따라 다르다.
    예를 들어 캠페인 기간이 3주이고 광고가 일주일에 1번 노출되도록 설정했다면 새로운 광고를 노출한 기회가 1주일에 3번 있기 때문에 최대 3개까지 설정할 수 있다.
- 리타겟팅 : 광고가 순서대로 게재되도록 설정한다는 점에서는 유사하지만 이전 광고를 보거나 콘텐츠에 참여한 사람들에게만 다음 광고를 보여준다는 차이점이 있다. 비즈니스에 참여한 적이 있고 온라인 구매 등의 행동을 취할 가능성이 있는 사람들 타겟팅에 권장한다.
- 광고예약 : 하루 중에 특정 시간에 광고가 게재되도록 예약할 수 있다.

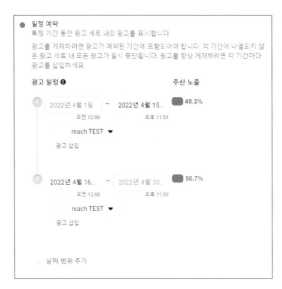

출시 또는 시작 시간 몇 시간 전에 저녁 공연이나 시사회를 홍보하고 싶은 경우 해당 기능을 활용할 수 있다.

(3) 광고에 적합한 구매유형 선택하기

아래 표에서 경매와 도달 및 빈도 구매의 주요 차이점을 알 수 있다.

구분	경매	도달 및 빈도
빈도 관리	도달 목표에 대해서만 빈도 한도를 유연하게 설정	선택한 모든 목표에 대해 유연한 빈도 한도를 설정한다.
게재 옵션	자동으로 가장 성과가 높은 광고를 파악하고 세트에서 해당 광고를 가장 많이 게재한다.	일반 게재 외에도 순서나 일정에 따라 게재할 수 있는 옵션 제공
예측 가능성	전반적인 도달 결과는 예측할 수 없다(일일 도달만 예측 가능).	전체 도달 결과를 예측할 수 있다.
가격	시장 상황에 따라 경매가격이 크게 달라진다.	노출에 지불할 고정 CPM을 정하면 시스템에서 자동으로 입찰
일정 설정	요일별, 시간별 자유롭게 광고 일정 설정 가능	광고를 게재할 시간은 설정할 수 있으나 요일은 설정 불가하며 최소 24시간 설정 가능
최적화	캠페인 목표에 부합하는 이벤트에 대해 게재를 최적화	목표와 노출 간에 자동으로 최적화
타겟팅	맞춤 타겟, 핵심 타겟 등 유연하게 사용 가능	여러 국가 타겟팅은 가능하나 동일한 대륙에 있는 경우만 가능하다. 맞춤 타겟 사용 불가능

※ 표 출처 : Meta Blueprint

5) Meta for Business 타겟팅

(1) 핵심 타겟(Core Audiences) 사용하기

- 위치 : 국가, 주/도, 시, 선거구, 우편번호를 기반으로 광고를 타겟팅할 수 있다.

타겟팅 옵션	타겟팅 옵션 세분화	설명
타겟 위치 상태 선택하기	이 위치에 살고 있거나 최근이 위치에 있었던 사람(기본 옵션)	선택한 지역에 거주하거나 최근에 해당 위치에 있었던 사람을 포함한다. 특정 기간 동안 특정 지역 내에서 많은 사람에게 도달하려는 경우 사용하세요.
	이 위치에 거주 중인 사람	선택한 지역 내 거주하는 사람들을 포함한다. 페이스북 프로필에 거주지가 현재 도시에 해당 위치에 있는 사람들이며, IP 주소 등을 종합적으로 판단한다.
	최근 위치가 이 지역인 사람	선택한 지역을 가장 최근 위치로 표시한 사람이다. 특정 기간 동안 특정 지역 내의 사람들에게 도달하려는 경우 사용하기를 추천한다.
	이 위치에서 여행 중인 사람	선택한 지역에서 거주지로부터 200km 이상 떨어진 곳에 있는 사람을 포함한다. 선택한 지역에 거주하지 않는 사람들에게 도달하려는 경우 사용하며 렌터카 서비스 등의 광고에 효과적이다.
위치 입력하기	국가, 도시, 지역 이름을 입력할 수 있으며, 일괄 업로드가 가능하다.	글로벌 타겟팅 옵션 제공
위치 찾기	위치가 없거나 위치를 잘 모르는 경우 사용	
위치 반경 선택하기	핀드롭으로 영역을 식별하거나 도달범위를 확대한다.	

- 인구 통계학적 특성 : 연령, 성별, 학력, 직책 등에 따라 타겟을 선택한다. 광고를 통해 도달한 사람들의 유형을 확인할 수 있다. 단 페이스북은 개인 식별 정보를 공유하지 않는다.

- 상세 타겟팅 : 일반적으로 관심사 타겟팅으로 알려져 있다. 인구 통계학적 특성, 관심사, 행동 등에 따라 세분화하는 데 사용된다. 상세 타겟팅 옵션의 분류는 클릭한 광고, 관심도가 높은 페이스북 페이지, 기기 사용량, 여행 관련 선호 사항 등에 따라 결정된다.

상세 타겟팅 세분화에는 '또는:OR및:AND'의 조건식을 적절히 활용해야 한다. '포함/제외' > '타겟 좁히기' > '더 좁히기'를 이용해서 상세 타겟팅을 세분화할 수 있다. 타겟을 좁힐 때, 너무 구체적으로 지정하게 되면 타겟의 범위가 너무 작아져서 광고 효과가 감소할 수 있다. Meta for Business는 광고 세트를 만들 때 정해진 목표에 맞게 최적화하도록 머신러닝이 진행되기 때문에 설정한 결과를 얻을 가능성이 큰 사람들을 자동으로 찾는다. 따라서 세분화에 대해 범위를 너무 좁히지 않는 것이 좋다. 다만 예산에 따라 규모를 정하도록 하자.

• 연결 관계 : 페이지, 앱 또는 이벤트와의 연결 관계를 기반으로 사람들을 타겟에 포함하거나 타겟에서 제외한다.

(2) 맞춤 타겟팅(Custom Audience) 사용하기

맞춤 타겟은 Meta 사용자 중에서 비즈니스의 기존 고객들을 찾을 수 있는 타겟팅 옵션이다.

고객 리스트, 웹사이트 또는 앱 트래픽, 페이스북/인스타그램 참여도 등과 같은 소스를 사용하여 이미 비즈니스를 알고 있는 사람들로 맞춤 타겟을 만들 수 있다.

비즈니스의 성공적인 퍼포먼스를 위해 효과적인 리마케팅, 업셀링 및 크로스셀링 캠페인을 만들 수 있다. 리마케팅을 통해 제품에 관심을 보이지만 구매를 망설이는 고객에게 전달하는 메시지를 강화해서 구매유도하거나 가격대별로 등급이 있다면 다음 등급으로 넘어가도록 업셀링할 수 있다. 이커머스(E-Commerce)의 경우 크로스셀링까지 전략적으로 판매 전략을 구성한다.

[이미지 설명 : 광고관리자에서 제공하는 맞춤 타겟 소스 종류]

광고 계정당 최대 500개의 맞춤 타겟을 만들 수 있으며, 맞춤 타겟을 소스 타겟으로 활용하여 유사 타겟으로 확장하여 모수를 허용한다.

① 비즈니스가 보유한 소스

• 웹사이트 : 페이스북 픽셀을 사용하여 웹사이트를 방문하는 사람들과 페이스북 사용자를 매칭하는 타겟팅 옵션이다. 페이스북 픽셀의 전환 이벤트들을 활용해서 웹에서 활동하는 고객들을 정교하게 타겟팅 가능하다. (예 : 웹사이트는 방문했지만 구매하지 않은 고객 타겟팅)

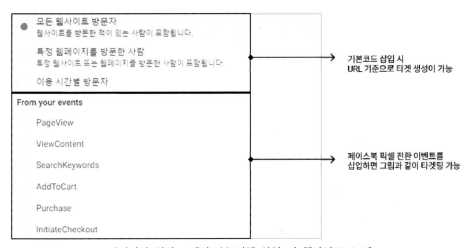

[이미지 설명 : 페이스북 픽셀 삽입 시 웹사이트 소스]

• 고객 리스트(CRM Data) : 시스템이나 이메일 리스트 등의 비즈니스가 보유한 정보를 활용하여 Meta의 사용자 데이터와 매칭하여 광고 타겟팅에 활용할 수 있다. 매칭하는 데 제공되는 식별자가 많을수록 매칭률이 높아진다. Meta에 데이터가 업데이트되어도 "해시 처리"가 되어 업로드되며 일치하지 않는 해시 처리 정보는 삭제된다.

식별자 유형	열 헤더	설명 및 형식 가이드라인
이메일	email	최대 3개의 개별 열에 이메일 주소 입력이 가능하다.
전화번호	phone	전화번호는 국가 번호가 포함되어야 일치 작업에 사용할 수 있다.
모바일 광고주 ID	madid	Google ID (AAID)와 Apple이 광고 프레임워크의 일부로 제공하는 IDFA
페이스북 앱 사용자 ID	uid	페이스북 SDK를 통해 검색할 수 있는 앱을 사용하는 사람의 ID
페이스북 페이지 사용자 ID	pageuid	페이스북 페이지에 반응한 사람의 ID
이름	fn	이름과 이름의 첫 글자 허용
성	ln	전체 성이 허용되며 억양 표시도 포함 가능

* 추가 식별자로 도시/국가/생년월일/출생연도/연령/우편번호/성별 등을 제공한다.
* 참고 : Apple의 광고주를 위한 식별자(IDFA)와 관련된 iOS 14의 변경 사항으로 인해 모바일 광고주 ID와 매칭할 때 일치율이 영향을 받을 수 있으니 다양한 필드 정보를 입력하여 보완하도록 하자.

• 앱 활동 : 앱을 사용 중이며 앱 내에서 특정한 행동(앱 이벤트)을 취한 사람들을 대상으로 광고 타겟팅할 수 있다. Meta SDK를 사용하면 앱의 데이터를 Meta에 전달하고 해당 데이터를 사용하여 맞춤 타겟에 포함할 모수를 생성할 수 있다.

앱 활동 맞춤 타겟을 생성하기 전에 페이스북 Developer에서 앱 등록이 먼저 필요하다. 앱 내에서 특정 행동('앱 이벤트')을 취한 사용자에게 도달하려면 앱 이벤트를 설치해서 정교하게 타겟을 생성할 수 있다.

• 오프라인 활동 : 오프라인 전환 이벤트를 사용하여 타겟을 구성하여 타겟팅할 수 있다.

타겟으로 사용하기 위해서는 오프라인 전환 API 또는 파트너 통합을 통해서 오프라인 이벤트 세트가 미리 구성되어 있어야 한다.

② Meta가 제공하는 소스

• 동영상 참여 : 페이스북이나 인스타그램에서 동영상을 시청한 사람들을 기반으로 참여 맞춤 타겟을 만들 수 있다. 사람들이 조회한 동영상은페이스북과 인스타그램 피드, 스토리 및 사용 가능한 다른 노출 위치에 게재된 동영상을 포함한다. 최근 365일까지 추가할 수 있으며 동적으로 유지되며 다시 참여하지 않으면 365일 이전 타겟은 모수에서 제외된다.

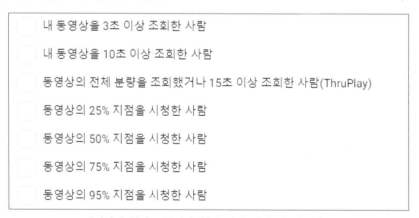

[이미지 설명 : 동영상 참여 타겟 생성 시 세분화]

• 인스타그램 계정 : 인스타그램 프로페셔널 계정에서 게시한 콘텐츠에 반응하는 사람들로 타겟을 생성할 수 있다. 인스타그램 비즈니스 계정 또는 인스타그램 크리에이터 계정을 사용해야 설정이 가능하며 개인 용 계정은 사용할 수 없다.

이 프로페셔널 계정에 참여한 모든 사람
● 이 프로필을 방문했거나 이 게시물 또는 광고에 행동(예: 좋아요, 댓글, 저장, 슬라이드 밀어 보기, 버튼 누르기, 공유)을 취한 사람이 포함됩니다.

이 프로페셔널 계정의 프로필을 방문한 모든 사람
방문 이후 행동과 관계없이 이 Instagram 프로페셔널 계정의 프로필을 방문한 모든 사람이 포함됩니다.

게시물이나 광고에 참여한 사람
이 게시물 또는 광고에 행동(예: 좋아요, 댓글, 저장, 슬라이드 밀어 보기, 버튼 누르기, 공유)을 취한 사람이 포함됩니다.

이 프로페셔널 계정에 메시지를 보낸 사람
이 Instagram 프로페셔널 계정에 메시지를 보낸 사람만 포함됩니다.

게시물이나 광고를 저장한 사람
이 Instagram 프로페셔널 계정의 프로필이나 피드에서 이 계정의 게시물 또는 광고를 저장한 사람들만 포함됩니다.

[이미지 설명 : Instagram Business 참여 타겟 세분화]

• 잠재고객용 양식 참여 : 최근 90일 이내 비즈니스 페이지의 잠재고객 양식에 이벤트를 발생한 사람을 기준으로 타겟을 만들 수 있다.

• 이벤트 참여 : 페이스북 생성된 이벤트에 반응하거나 참여한 사람들을 타겟으로 구성할 수 있으며 이벤트에 참여한 방식에 따라 아래와 같이 구분된다.
  - 참석 또는 관심 있음으로 응답한 사람
  - 참석으로 응답한 사람
  - 관심 있음으로 응답한 사람만
  - 이벤트 페이지를 방문한 사람
  - 좋아요, 공유 또는 댓글 활동 등으로 이벤트 페이지에 참여한 사람
  - 티켓을 구매하거나 티켓 구매 플로를 시작하여 티켓에 참여한 사람
  - 티켓을 구매한 사람
  - 티켓 구매 플로를 시작했지만 구매를 완료하지 않은 사람

• 인스턴트 경험 참여 : 페이스북 인스턴트 경험에 참여한 타겟을 모수로 생성할 수 있으며, 컬렉션 캠페인에서 인스턴트 경험을 사용할 수 있다.

• 페이스북 페이지 참여 : 비즈니스 페이지를 좋아하거나 팔로우한 사람에게 도달할 수 있으며, 아래의 다양한 옵션으로 타겟을 생성한다.

- 현재 회원님의 페이지를 좋아하거나 팔로우하는 사람

- 페이지에 참여한 모든 사람

- 페이지를 방문한 모든 사람

- 게시물이나 광고에 참여한 사람

- 행동 유도 버튼을 클릭한 사람

- 페이지에 메시지를 보낸 사람

- 페이지 또는 게시물을 저장한 사람

• 쇼핑 참여 : 인스타그램 및 페이스북의 쇼핑 경험에서 제품에 반응을 보이는 사람들의 맞춤 타겟을 생성할 수 있다. 이 옵션을 사용하면 물품을 보거나 추가하거나 구매하여 비즈니스나 제품에 관심을 보인 사용자 모수 생성이 가능하다.

- 제품을 조회한 사람

- 제품을 조회하고 웹사이트로 이동한 사람

- 제품을 저장한 사람

- Shop 페이지를 조회한 사람

- Shop 컬렉션을 조회한 사람

- 장바구니에 제품을 추가한 사람

- 제품 결제를 시작한 사람

- 제품을 구매한 사람

• Facebook Market Place 참여 : Market Place 카탈로그를 통해 제품을 조회하거나 제품에 관해 메시지를 보낸 사람에 대한 타겟 생성이 가능하다.

(3) 유사 타겟팅(Lookalike Audiences) 사용하기

맞춤 타겟을 사용할 때보다 더 많은 사람들에게 도달하고 싶다면 유사 타겟을 추가할 수 있다. 유사 타겟을 사용하면 Meta 시스템이 소스 타겟(맞춤 타겟)에 포함된 사람들과 유사한 특성을 가진 사람들에게 광고를 노출하여 최적의 성과를 유지하도록 지원한다.

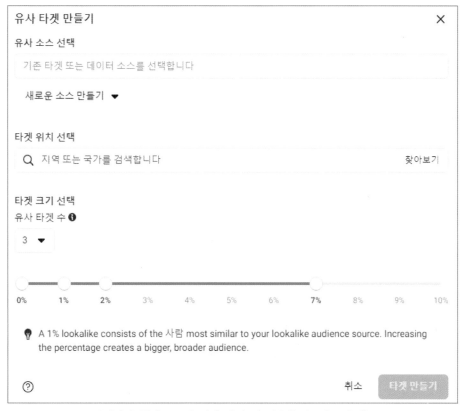

[이미지 설명 : 유사 타겟 생성 시 사용할 수 있는 옵션]

유사 타겟의 규모를 1~10까지의 척도로 설정할 수 있는데, 이 척도는 소스 타겟과 유사한 타겟을 찾을 국가의 인구에 대한 백분율을 나타내는 값이며 1에 가까울수록 소스 타겟과 유사하다.

[이미지 설명 : 국가별 유사 타겟 1%는 위 그림과 같이 크게 차이 날 수 있다.]

소스 타겟을 생성할 때에는 양보다 질을 중점적으로 구성해야 하며, 일반적으로 1,000~5,000명의 소스 타겟을 구성하는 것을 추천하며, 고객생애가치(LTV)가 포함된 맞춤 타겟을 생성하면 가장 가치가 높은 고객과 가장 유사한 사람들로 구성된다.

- 일반 구매 주기 내 고객의 구매 빈도
- 고객이 구매당 지출하는 금액
- 고객과 관계를 유지하는 동안 고객이 지출할 것으로 예상되는 금액
- 고객이 관계를 유지하는 잠재적 기간

6) Meta for Business의 광고 형식과 자산 최적화

광고 노출 위치마다 광고 형식의 요구사항이 다르므로, 각 노출 위치에 맞게 자산을 최적화하는 것이 바람직하다. 만일 각 노출 위치별로 맞춤 자산을 만들 수 없는 경우, 광고관리자에서 자르기 도구를 사용해서 노출 위치별로 맞춤화하여 세팅이 가능하다.

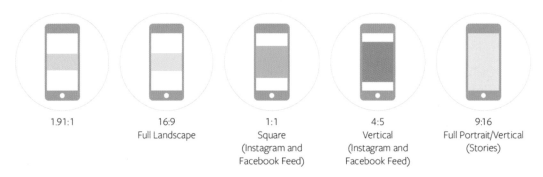

| 1.91:1 | 16:9
Full Landscape | 1:1
Square
(Instagram and
Facebook Feed) | 4:5
Vertical
(Instagram and
Facebook Feed) | 9:16
Full Portrait/Vertical
(Stories) |

- 피드 노출위치 : 이미지의 경우 정사각형 1:1 비율, 동영상의 경우 세로방향 4:5 비율
- 스토리 노출위치 : 9:16의 세로형 비율의 이미지 및 동영상
- 인스트림 동영상 : 광고가 포함된 동영상 표시를 위해 16:9 비율 사용
- Audience Network : 9:16의 세로형 비율의 이미지 및 동영상
- Facebook 칼럼 및 Messenger / 아티클 : 1.91:1 비율의 이미지 및 동영상

(1) 단일 이미지

이미지 광고는 가장 광범위하게 활용할 수 있는 형식 중 하나이며, 시선을 사로잡는 고품질의 시각적 요소를 활용해서 사람들을 웹사이트 앱으로 유도하세요.

- 브랜드 또는 서비스에 대한 관심 높이기 : 눈길을 끄는 사진이나 시각적인 그래픽을 사용해서 브랜드 특징과 가치를 전달하고 비즈니스에 관심을 갖도록 유도한다.
- 제품이나 서비스, 브랜드를 표시 : 모바일에서의 콘텐츠 소비속도는 빠르기 때문에 판매하는 제품, 브랜드 또는 로고를 표시해서 시각적으로 효율적으로 전달해야 한다.
- 간결한 메시지 전달하기 : 제품을 구매하거나 서비스에 대해 알아볼 수 있도록 행동을 유도할 수 있는 간결한 메시지를 전달한다.
- 이미지에 너무 많은 텍스트를 사용하지 말자 : 광고 이미지에 포함되는 텍스트의 비율은 20% 미만을 권장한다.

(2) 슬라이드

하나의 광고 콘텐츠에 개별 링크가 포함된 이미지 또는 동영상을 최대 10까지 슬라이드 형태로 삽입할 수 있다. 하나의 광고에 크리에이티브를 표시할 공간이 많기 때문에 다양한 제품을 강조하거나 한 가지 제품, 서비스 또는 프로모션에 대한 자세한 정보를 담을 수도 있고, 브랜드 스토리를 각 슬라이드에 이어서 전달할 수 있다.

슬라이드 광고를 만들 때 아래의 활용 팁을 참고하면 광고 성과를 높일 수 있다.

- 슬라이드 요소를 모두 활용해 스토리텔링에 활용하기 : 시선을 끄는 이미지나 동영상도 중요하지만 짧고 명확한 제목, 설명, 행동 유도 버튼으로 광고의 콘텍스트와 세부 내용을 알릴 수 있다.

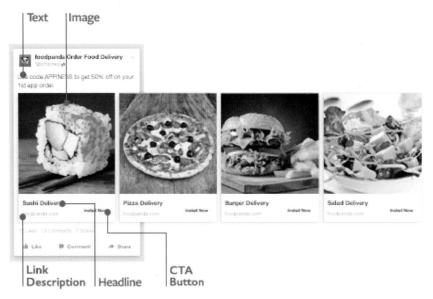

[이미지 설명 : 슬라이드 광고의 구성요소]

- 일관성 있고 통일감 있는 크리에이티브 자산을 선택하기 : 분위기가 서로 비슷한 이미지나 동영상을 사용하며 정사각형(1:1) 화면 비율을 사용하는 것이 좋다.
- 각각의 슬라이드에 적합한 링크를 제공하라 : 예를 들어 쇼핑몰 광고의 경우 특정 제품의 슬라이드에서는 해당 제품으로 이동하는 링크를 제공하는 것이 좋다.
- 가장 성과가 좋은 슬라이드를 맨 앞에 표시하라 : 광고 옵션에 여러 슬라이드 중 성과 순으로 정렬되게 하는 옵션이 있다. 스토리 순으로 슬라이드가 제작된 경우는 제외한다.

(3) 컬렉션

컬렉션 형식은 모바일 전용으로 제공되는 광고 형식이다. 캠페인 세팅 시 노출지면이 PC를 포함할 경우 인스턴트 경험이 제외된 자산만 노출되니 이 점 주의하도록 하자.

규모가 큰 제품 세트를 노출할 경우 카탈로그와 연동해서 자동으로 업데이트가 되도록 할 수 있어야 하며 4개 이상의 제품이 있어야 셋업이 가능하다.

컬렉션 광고 형식은 고객이 제품을 발견한 후 구매까지 자연스럽게 이어갈 수 있게 해주는 광고 형식으로 각 컬렉션 광고에는 주요 동영상 또는 이미지 하단에 작은 이미지 3개가 그리드 레이아웃으로 배치된다. 광고 클릭 시 페이스북이나 인스타그램을 벗어나지 않고도 여러 제품을 손쉽게 둘러볼 수 있다.

컬렉션 광고는 총 3가지의 기본 템플릿을 제공하며 '맞춤 인스턴트 경험'도 추가로 제공하고 있어 다양한 디자인과 반응형 옵션으로 비즈니스에 맞게 구성이 가능하다.

• 인스턴트 매장
  - (중요) 제품이 4개 이상 포함된 카탈로그가 있는 경우
  - 한곳에서 제품을 둘러볼 수 있도록 그리드 형식으로 제품을 표시하는 경우

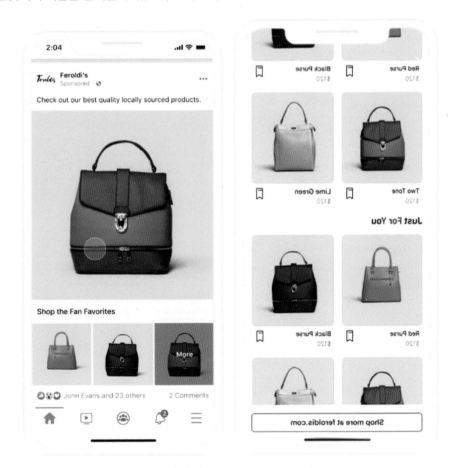

[이미지 출처 : Meta for Business]

- 인스턴트 룩북

  - 브랜드 스토리와 함께 제품 판매도 유도하려는 경우

  - 기존 카탈로그 인쇄물의 디지털 버전을 만들려는 경우

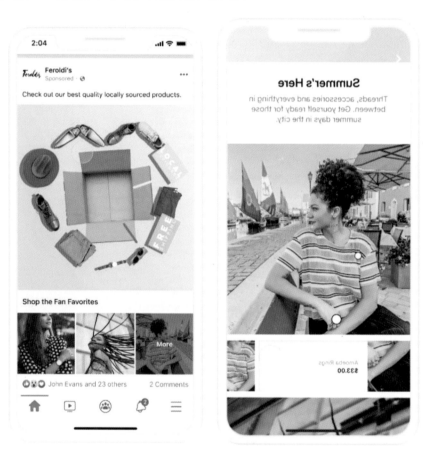

[이미지 출처 : Meta for Business]

- 인스턴트 신규 고객 확보
  - 모바일 랜딩페이지에서 전환을 유도하려는 경우
  - 웹사이트나 앱에서 특정 행동을 유도하려는 경우

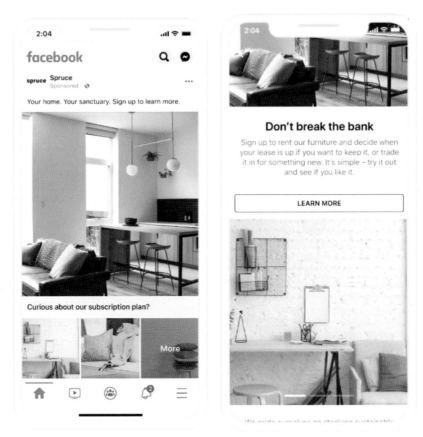

[이미지 출처 : Meta for Business]

(4) 인스턴트 경험

인스턴트 경험은 모바일에서 광고(콘텐츠)를 누르면 열리는 기능이다. Meta만의 마이크로 사이트로 이해하면 쉽다. 2016년 CANVAS라는 이름으로 출시됐으며, 현재 Facebook Instant Experiences로 이름이 변경되어 서비스되고 있다. 이용이 간편한 템플릿으로 광고 클릭 시 외부링크로 빠져나가지 않고 빠른 속도로 로딩되는 장점이 있다.

주로 쇼핑과 관련된 기능 등에 활용되지만 별도의 프로모션 기획 페이지 제작 등이 힘든 소규모 비즈니스를 운영할 때 용이하게 활용할 수 있다.

(5) 동영상

동영상 광고에서는 동영상을 사용하여 제품, 서비스나 브랜드를 보여줄 수 있다.

페이스북, 인스타그램, Audience Network, Messenger의 여러 노출위치에 표시되며 노출위치에 따라 다양한 화면비율을 지원한다. 광고관리자의 자산 맞춤화 기능을 사용하면 하나의 광고를 여러 노출위치에 다양한 비율로 사용할 수 있다.

- 동영상을 짧게 만들기 : 동영상 길이 15초 이하로 제작하면 동영상을 끝까지 시청할 확률이 높아진다. 15초 이내의 동영상 광고는 인스타그램 스토리와 페이스북 인스트림 노출 위치에도 사용할 수 있다. 인스타그램 피드와 Audience Network 노출 위치는 최대 120초 길이의 동영상이 허용되는 반면에 페이스북 피드, Marketplace, Messenger에서는 최대 240분 길이의 동영상까지 지원된다.
- 고객의 시선을 3초 안에 잡기 : 관심을 끌기 위해서는 가장 흥미로운 부분을 동영상 초반에 배치하는 것이 유리하다.
- 6:19 비율과 4:5 비율의 세로형 동영상을 적절히 활용해서 모바일 지면을 최대한 활용하자.
- 제품 또는 브랜드 메시지를 동영상 초반에 드러내야 한다.
- 소리 없이도 이해할 수 있는 광고 만들기
- 동영상 광고 품질 최적화 확인하기
- 일부 광고 목표의 경우 360도 동영상을 활용할 수 있다.

(6) 스토리 광고

페이스북, 인스타그램과 Messenger에서 스토리 사이에 표시되는 전체 화면 이미지, 동영상 또는 슬라이드 광고이다. 스토리 광고는 일반 스토리와 달리 24시간 후에도 사라지지 않는다.

(7) 브랜디드 콘텐츠

브랜디드 콘텐츠 광고를 사용하면 크리에이터는 비즈니스와 함께 브랜디드 콘텐츠의 도달 범위를 확대할 수 있다. 크리에이터가 일반 타겟에게 브랜디드 콘텐츠를 공유하는 경우, 비즈니스 파트너에 해당 콘텐츠를 광고로 전환할 권한을 부여할 수 있다.

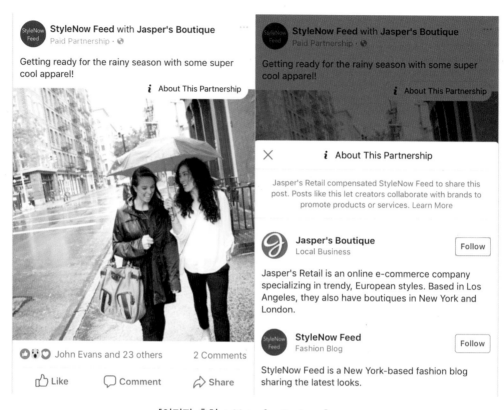

[이미지 출처 : Meta for Business]

• 브랜디드 콘텐츠를 사용할 수 있는 목표 : 앱설치, 브랜드 인지도, 도달, 트래픽, 동영상 조회, 전환, 페이지 게시물 참여

7) Meta 어드밴티지(Advantage) 광고 솔루션

기존의 자동화된 광고 솔루션이 Meta 어드밴티지로 분류되어 업데이트되었다. 어드밴티지(Advantage)는 Meta, AI 기반의 새로운 마케팅 솔루션이다. Meta AI의 판단 아래 예산과 타겟/소재를 자동화되며 통합 캠페인 솔루션으로는 "어드밴티지+쇼핑 캠페인"과 "어드밴티지+앱 캠페인"이 업데이트되었다.

[표 설명 : 어드밴티지 기능]

구분	업데이트된 기능	상세설명 및 이전명칭
타겟 자동화	어드밴티지+타겟	Meta의 고급 AI가 적용된 타겟팅 옵션
	어드밴티지 상세 타겟팅	
	어드밴티지 맞춤 타겟	
	어드밴티지 유사 타겟	
크리에이티브 자동화	어드밴티지+카탈로그 광고	*이전명칭: 다이나믹 카탈로그 광고
	어드밴티지+크리에이티브	업로드한 미디어와 텍스트 자동 최적화
	카탈로그용 어드밴티지+크리에이티브	카탈로그 "크리에이티브" 자동화 기능
	어드밴티지+인터내셔널 카탈로그	언어 피드를 업로드하여 자동 최적화
랜딩페이지 자동화	Shops 광고	미국광고주만 사용가능
	웹사이트 및 앱	전환 이벤트에 맞게 웹/앱 랜딩 자동화
노출위치 자동화	어드밴티지+노출 위치	*이전 명칭: 자동노출 위치 최적화
예산 자동화	어드밴티지 캠페인 예산	*이전 명칭: 캠페인 예산 최적화

① 어드밴티지(Advantage)+쇼핑캠페인

광고계정의 수준에서 발생된 기존의 구매 이벤트 시그널을 기반으로 구매 잠재력이 높은 타겟 세그먼트를 AI가 자동으로 생성하여 캠페인이 진행된다.

[이미지 설명 : 판매 목표 옵션 선택화면]

기존 전환 캠페인과 다르게 타겟팅 설정이 불가능하며, 최적화하기 위한 위한 타겟을 광고계정 수준에서 맞춤타겟 형태로 업데이트할 수 있다. 광고 크리에이티브의 경우 라이프스타일 이미지와 제품 이미지를 혼합해서 최대 150개까지 많이 생성해서 최적화하는 것이 효율을 향상시키는데 적합하다.

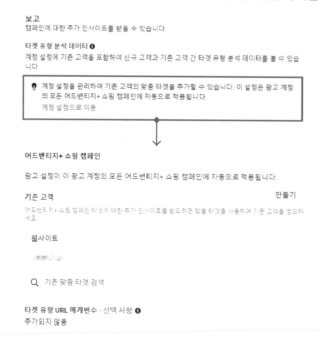

[이미지 설명 : 어드밴티지 캠페인 타겟 옵션]

② 어드밴티지(Advantage)+앱캠페인

수동 앱 광고에 비해 캠페인을 생성할 때, 입력해야 할 내용이 적으며 타겟 옵션이 단순하고 크리에이티브 관리 절차가 간편하다. 최대 50개의 광고 소재에 각각 5개의 광고 문구와 제목을 업로드할 수 있다.

어드밴티지(Advantage)+앱 캠페인은 제한된 타겟팅 옵션만 사용할 수 있다. 광고를 노출할 위치와 언어는 설정이 가능하며, 연령은 앱을 선택하면 자동으로 설정된다.

홍보하는 각 앱에 대해 국가, 언어, 최적화 목표 및 운영 체제별로 최대 9개까지 동시에 진행할 수 있다. 여러 캠페인이 동일한 타겟을 타겟팅하여 중복되는 경우 성과가 저조해질 수 있기 때문에 수동앱 광고와 동시 게재하는 것을 피하는 것이 좋다.

◎ 타겟

* 위치 ❶

  국가 > 아시아

  대한민국

  🔍 지역 또는 국가를 검색합니다   찾아보기

언어 ❶

연령

13+ ▾

💡 청소년 대상 광고에 관한 정책을 준수하기 위해 이 캠페인의 최소 연령이 자동으로 업데이트되었습니다. 이제 전 세계 18세(태국은 20세, 인도네시아는 21세) 미만의 사람들에게 도달할 수 없게 됩니다. 어드밴티지+ 앱 캠페인에서 사용하는 최적화 관리는 더 이상 이러한 타겟에 사봉할 수 없습니다. 더 알아보기

[이미지 설명 : 어드밴티지 앱 캠페인 타겟 옵션]

---

8) Meta for Business의 광고 성과 측정

사람들은 온라인 및 오프라인 채널 등에서 다양한 방식으로 제품을 발견하고 구매하고 있다. 다양한 소비자 여정은 일반적으로 수많은 상호작용을 하는데, 이런 각각의 상호작용의 기여도, 즉 인과관계를 분석하는 것을 마케팅 어트리뷰션(marketing attribution)이라고 한다.

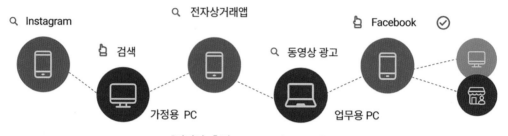

[이미지 출처 : Meta BluePrint]

마케팅 어트리뷰션(marketing attribution)은 마케팅 전략을 최적화하고 캠페인 성과 달성 증대를 위해 반드시 필요하다. 다양한 유형의 모델링(싱글 터치 어트리뷰션 모델, 멀티 터치 어트리뷰션 모델, 데이터 기반 어트리뷰션 모델)이 있으며, 계속해서 발전해 나가고 있다.

Meta의 경우 성과 측정을 위해 Meta Pixel, 전환 API, Meta SDK, 오프라인 전환 이벤트 등과 같이 기본적인 무료 도구를 제공하고 있으며 모바일 앱 캠페인의 경우 MMP(모바일 측정 파트너) 또는 CDP(고객 데이터 플랫폼)과 같은 파트너사를 통해 연동할 수 있도록 기능을 제공하고 있다.

(1) Meta for Business의 성과 측정 도구 설치하기

① Meta 픽셀 생성과 설치 프로세스

웹사이트에 설치하여 광고 성과를 측정하고 최적화하기 위한 코드 조각으로 웹사이트에서 사람들이 취한 행동을 파악하는 역할을 수행한다.

• 1단계 : 비즈니스 설정 > 데이터소스 > 픽셀 생성하기

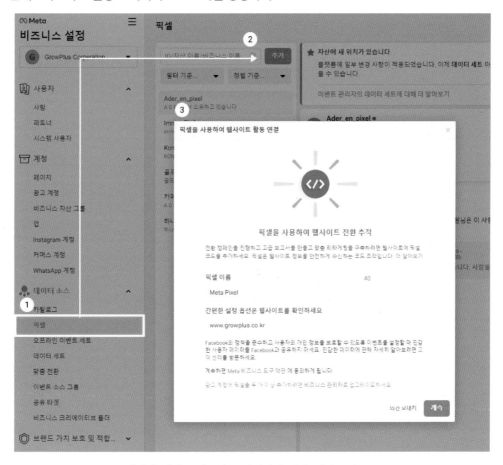

[이미지 설명 : 비즈니스 관리자의 픽셀 생성 모습]

- 2단계 : 파트너 통합, 직접설치, 개발자에게 안내 이메일 전송 등의 3가지 방법을 선택할 수 있다. 파트너 통합 옵션의 경우 워드프레스, Magento, Google 태그 관리자 등 다양한 파트너사들의 기능을 통해 간편하게 설치할 수 있다.

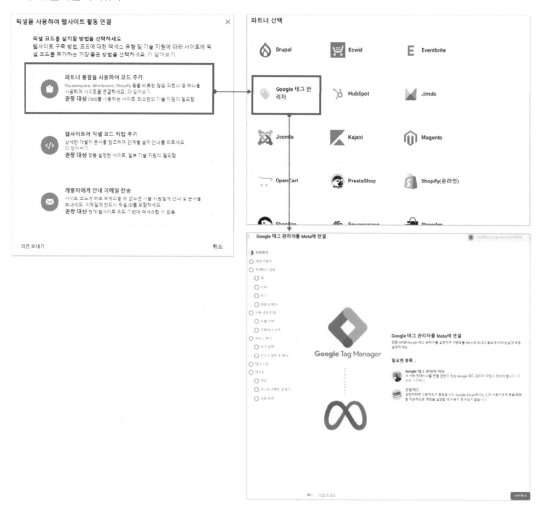

[이미지 설명 : 구글 태그매니저 코드 추가하기]

• 3단계 : 이벤트 관리자 > 이벤트 테스트를 통해 정상 여부를 최종 확인하고, 이상이 있을 시 수정하여 올바른 데이터가 수집되도록 설치해야 한다.

[이미지 설명 : 이벤트 테스트]

② Meta 픽셀의 기본 코드 이해하기

Meta 픽셀은 웹사이트 로딩 시 아래의 기본 코드가 1회 로딩된 후, 이벤트 코드를 통해 사용자가 웹사이트상의 행동을 알 수 있도록 삽입해야 한다.

Meta픽셀의 기본 코드는 웹페이지의 <head></head> 태그 사이에 삽입하는 것을 권장하고 있으며, 픽셀별로 고유의 ID 값을 가지고 있으니 에이전시의 경우 혼동해서 설지하시 않노록 주의를 기울어아 한다.

[이미지 설명 : Meta 픽셀 기본 코드 구조]

③ Meta 픽셀의 표준 이벤트 코드

Meta 픽셀을 사용하여 웹사이트 방문자의 행동을 추적할 수 있으며 "전환추적" 이라고도 한다.

추적된 전환은 이벤트 관리자에 표시되며, 전환 퍼널의 효과를 분석하고 광고 최적화와 투자 수익률을 분석하는데 사용된다. 특히 어드밴티지+카탈로그 광고 캠페인을 위한 맞춤 타겟 정의에도 사용할 수 있다.

일반적으로 특정 이벤트가 발생되는 시점의 웹페이지 <body>태그나 캠페인의 주요지표 분석에 필요한 사용자의 행동(예 : 버튼 클릭)을 완료한 시점에 이벤트 함수를 삽입한다.

[이미지 설명 : Meta 이벤트 코드 예시]

- 표준 이벤트 : Meta에서 정의하고 제공하는 이벤트

- 맞춤 이벤트 : 이벤트 명을 직접 정의하고 호출해서 사용하는 이벤트

- 맞춤 전환 : 웹사이트 리퍼러 URL을 파싱해서 방문자의 행동을 추적하는 방법

이벤트 구분	설명	표준 이벤트 코드
결제정보추가	결제 과정 중 고객 결제 정보를 추가하는 행동입니다. 고객이 청구 정보를 저장하기 위해 버튼을 클릭하는 경우를 예로 들 수 있습니다.	fbq('track', 'AddPaymentInfo');
장바구니 담기	장바구니에 제품을 추가하는 행동입니다. 웹사이트에서 장바구니에 담기 버튼을 클릭하는 경우를 예로 들 수 있습니다.	fbq('track', 'AddToCart');
위시리스트 추가	위시리스트에 제품을 추가하는 행동입니다. 웹사이트에서 위시리스트에 추가 버튼을 클릭하는 경우를 예로 들 수 있습니다.	fbq('track', 'AddToWishlist');
등록 완료	비즈니스에서 제공하는 서비스를 받는 대신 고객이 정보를 제출하는 행동입니다. 이메일 구독을 신청하는 경우를 예로 들 수 있습니다.	fbq('track', 'CompleteRegistration');
문의	전화, SMS, 이메일, 채팅을 비롯한 수단으로 고객과 비즈니스가 연락을 취하는 행동입니다.	fbq('track', 'Contact');
제품 주문제작	비즈니스 소유의 기타 앱이나 구성 도구를 활용한 제품 주문 제작입니다.	fbq('track', 'CustomizeProduct');
기부	여러분의 단체 또는 조직에 대한 기부입니다.	fbq('track', 'Donate');
위치 찾기	고객이 방문 목적을 가지고 웹에서 매장 위치를 찾는 행동입니다. 제품을 검색한 후 가까운 매장에서 해당 제품을 구하는 경우를 예로 들 수 있습니다.	fbq('track', 'FindLocation');
결제 시작	결제 과정의 시작입니다. 결제 버튼을 클릭하는 경우를 예로 들 수 있습니다.	fbq('track', 'InitiateCheckout');
잠재 고객	고객이 나중에 여러분의 비즈니스로부터 연락받을 수 있음을 이해하고 자신의 정보를 제출하는 행동입니다. 양식을 제출하거나 체험판 사용을 위해 등록하는 경우를 예로 들 수 있습니다.	fbq('track', 'Lead');
구매	일반적으로 주문 또는 구매 확인서, 거래 영수증을 받음으로써 구매를 완료하는 행동입니다. 감사 인사 페이지 또는 확인 페이지가 표시되는 경우를 예로 들 수 있습니다.	fbq('track', 'Purchase', {value: 0.00, currency: 'KRW'});
예약	여러분의 매장을 방문하기 위해 일정을 예약하는 행동입니다.	fbq('track', 'Schedule');
검색	웹사이트, 앱 또는 다른 자산에서 검색을 수행하는 행동입니다. 제품 또는 여행 상품을 검색하는 경우를 예로 들 수 있습니다.	fbq('track', 'Search');
체험판 시작	여러분이 제공하는 제품 또는 서비스에 대한 무료 체험을 시작하는 행동입니다. 체험판 받아보기를 예로 들 수 있습니다.	fbq('track', 'StartTrial', {value: '0.00', currency: 'KRW', predicted_ltv: '0.00'});
신청서 제출	여러분이 제공하는 제품, 서비스 또는 프로그램에 대한 신청서를 제출하는 행동입니다. 신용카드, 교육 프로그램 또는 일자리를 예로 들 수 있습니다.	fbq('track', 'SubmitApplication');
받아보기	여러분이 제공하는 제품 또는 서비스에 대한 유료 받아보기를 시작하는 행동입니다.	fbq('track', 'Subscribe', {value: '0.00', currency: 'KRW', predicted_ltv: '0.00'});
콘텐츠 조회	관심 있는 웹페이지에 방문하는 행동입니다. 예를 들어, 제품 또는 랜딩 페이지가 있습니다. 콘텐츠 조회는 웹페이지에서 무엇을 보고 어떤 행동을 하는지에 대한 정보가 아니라 누군가 웹페이지의 URL을 방문한 횟수입니다.	fbq('track', 'ViewContent');

[이미지 설명 : Meta 표준 이벤트 목록]

④ Meta 전환 API

전환 API는 마케팅 데이터와 Meta 시스템을 직접 연결하여 모바일 브라우저에서 발생하는 픽셀 로딩 오류 등을 줄여 안정성을 높이는 방법으로 결과적으로 결과당 비용을 낮추는 데 도움이 된다.

- 캠페인 성과 개선
- 전환 추적 정확도 개선
- 이벤트 매칭 품질 향상

전환 API를 사용하여 웹사이트 이벤트를 보내는 경우에는 Meta 픽셀과 함께 사용하는 것이 좋다. 특히 웹과 앱을 동시에 사용하는 하이브리드 앱의 경우 전환 API를 사용하여 앱 이벤트를 전송하는 경우 SDK 및 앱 릴리스 업데이트에 대한 의존도를 낮출 수 있다.

전환 API는 여러 가지 방법으로 설정할 수 있으며 대표적인 옵션은 아래와 같다.

- 커머스 플랫폼 파트너사 지원 : Shopify, WooCommerce, Wix 과 같은 커머스 플랫폼을 이용하는 경우, 간단히 몇 번만 클릭하면 전환 API를 설정할 수 있다. 국내 플랫폼으로는 CAFE24, Makeshop, ImWeb 등에서 대표적으로 지원 가능하다.
- 전환 API 게이트웨이 : Meta 이벤트 관리자에서 제공되는 코드 프리, 셀프 서비스 방식
- 기타 파트너 플랫폼 : 구글 태그관리자
- 코드를 사용한 직접 설치 : Meta for Developers 의 문서를 이용해 개발자를 통해 직접 설치

※ Meta 픽셀과 전환 API 동시 사용 시 주의사항(이벤트 중복 제거)
픽셀을 사용하면 웹에서 이벤트가 발생하며, 전환 API를 사용하면 서버에서 바로 이벤트가 발생하게 된다. 이 경우 Meta 시스템은 브라우저와 서버에서 동일한 이벤트를 수신하기 때문에 이벤트 중복 제거 설정을 해야 한다. 이는 Meta for Developers 개발자 문서에서 확인할 수 있으며 파트너사들은 손쉽게 기능을 구현할 수 있다. (예: 카페24 Meta API 등)

⑤ 기타 Meta 전환 측정 도구

- Meta SDK : 앱에서 취하는 행동을 파악하고 측정할 수 있는 분석 도구
- 오프라인 전환 : 오프라인 전환은 CRM과 같은 오프라인 이벤트 정보를 페이스북에 연결시키는 분석 도구 이다.

(2) 광고관리자의 Business 광고 보고서

광고 성과는 1차적으로 대시보드 상에서 빠르게 확인이 가능하며 하단 그림의 1번 "열"을 클릭하면 광고 대시 보드 상의 지표들을 열맞춤하여 정렬이 가능하며, 내보내기 기능까지 제공하고 있다.

리포트열은 맞춤형 조정이 가능하다

[이미지 설명 : 광고관리자의 리포트 열 맞춤 화면]

정기적인 보고서 관리가 필요한 에이전시의 경우 모든 도구 > 분석 및 보고 > 광고 보고서 탭에서 아래와 같이 필요한 양식을 지정하면 효율적으로 관리할 수 있다.

[이미지 설명 : 광고 보고서 관리자 진입 시 레이아웃 선택 화면]

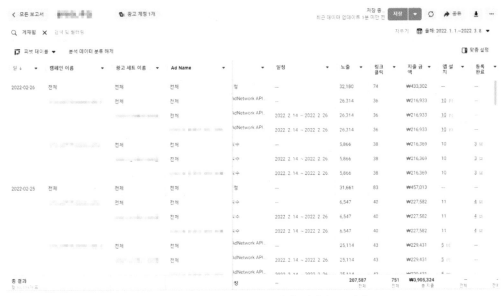

[이미지 설명 : 광고 보고서 피벗 레이아웃 예시]

① 비즈니스 목표에 맞게 광고 보고서 설정하기

광고 관리자의 보고서는 비즈니스 목표에 따라서 관련성이 높은 결과를 표시하도록 지표를 설정하고 조정해서 광고를 효율적으로 운영해야 한다.

캠페인이 진행되는 중에는 다음과 같은 지표들을 추적할 수 있으며, 아래의 이미지 설명과 같이 광고 성과 측정을 위해 다양한 지표들이 제공된다.

- 게재 : 캠페인, 광고 세트 또는 광고 게재의 현재 상태
- 입찰 전략 : 선택한 비용 또는 ROAS 관리 옵션에 따라 최저 비용, 비용 한도, 입찰가 한도, 목표 비용, 최고 가치 또는 최소 ROAS가 표시
- 예산 : 광고 세트나 캠페인에 매일 평균적으로 지출할 최대 금액 또는 게재 예정인 광고 세트나 캠페인의 전체 기간에 걸쳐 지출할 최대 금액
- 결과 : 선택한 목표 및 설정을 기반으로 광고 성과가 발생한 횟수
- 도달 : 회원님의 광고를 한 번 이상 본 계정 센터 계정 수. 도달은 같은 계정 센터 계정에서 광고를 여러 번 본 횟수까지 집계하는 노출과는 다른 개념으로 추산된 수치를 나타낸다.
- 노출 : 광고가 화면에 표시된 횟수
- 결과당 비용 : 광고의 결과당 평균 비용

• 지출 금액 : 예정된 기간 동안 캠페인, 광고 세트 또는 광고에 지출된 것으로 추산되는 총액으로 Meta는
  부가세가 포함되지 않은 금액

[이미지 설명 : 제공되는 다양한 광고 지표]

[이미지 설명 : 다양한 데이터 추출 옵션]

② 광고 기여 설정

광고 기여 설정을 통해 발생한 전환 효율을 기여 기간에 따라 분석할 수 있다.

현재 지원되는 기여 설정은 다음과 같다.

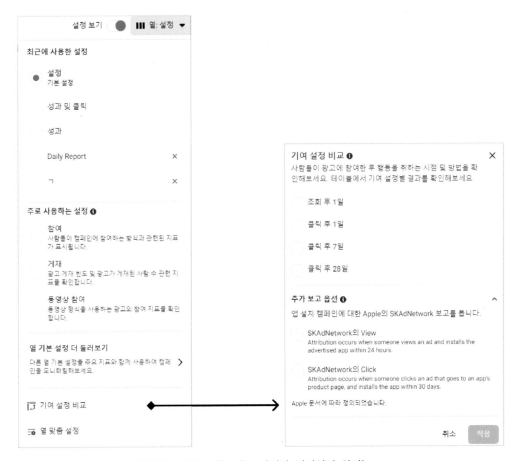

[이미지 설명 : 비즈니스 관리자 기여설정 화면]

- 클릭 후 1일
- 클릭 후 7일
- 클릭 후 1일 또는 조회 후 1일
- 클릭 후 7일 또는 조회 후 1일

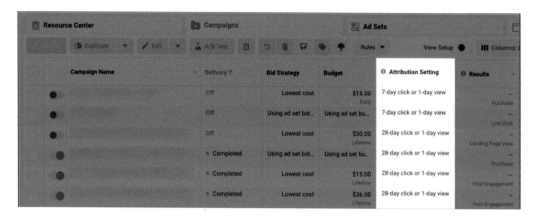

[이미지 출처 : Meta Blueprint]

특정 캠페인 유형에서는 일부 기여 설정을 사용할 수 없으며, 앱 캠페인 광고의 경우 '조회 후 1일'이 포함된 기여 설정은 지원하지 않는다.

특히 Meta의 기여 측정방법과 iOS 14 앱 설치 캠페인의 기여 측정방법에는 기여 설정의 차이가 존재한다. Meta는 클릭 후 1일 또는 7일을 사용하는 반면 SKAdNetwork 는 앱의 제품 페이지로 연결되는 광고 클릭 후 30일 이내에 앱을 설치하는 경우 발생한다.

- 최소 24시간 성과 반영 지연
- SKAdNetwork는 크로스 채널(여러 광고 네트워크) 전환 기여 측정
- 성과 결과는 Meta 기여기간이 아닌 SKAdNetwork의 기여 기간에 따라 보고

iOS 14이상의 앱 캠페인 운영 시 성과반영이 늦을 수 있기 때문에 데이터가 안정화될 때까지 며칠간 기다린 후 "기여 설정 비교"를 통해 Meta와 SKAdNetwork의 기여 성과를 함께 비교하여 전략을 구성하는 것을 권장한다.

※ SKAdNetwork(SKAN) 이란 무엇일까요?

Apple이 2018년에 처음 도입한 SKAdNetwork API는 iOS 광고 캠페인을 위한 개인정보 보호 중심 어트리뷰션 및 측정 솔루션이다. 2021년 4월 iOS 14.5가 App Tracking Transparency(ATT) 프레임워크와 함께 출시되자 사용자는 IDFA(identifier for Advertisers)를 통해 데이터 공유를 선택하고 동의해야 했다.

SKAdNetwork는 광고주가 동의하지 않은 사용자의 성과의 어트리뷰션을 파악하는 유일한 방법이 되었다.

CHAPTER 02 유튜브

1. 유튜브 동영상 광고 입문

1) 유튜브 팩트체크

- 전 세계 유튜브 이용자 수는 월간 약 20억 명이다. 1분마다 업로드되는 영상 시간은 2021년 글로벌 기준으로 약 500시간 분량이다.

- 전 세계에서 10명 중 7명은 유튜브 시청을 모바일로 하고 있으며, 15~35세 연령대가 가장 많이 이용한다. 또 유튜브는 전 세계 모바일 트래픽의 약 25%를 차지하고, 동영상 평균 길이는 약 12분이다.

- 우리나라 국민의 10명 중 8명은 유튜브를 이용하고 있다. 모바일인덱스가 집계한 2023년 상반기 자료에 따르면 유튜브 월간 사용자수(기기 기준)는 약 4,095만 명으로, 우리나라 전체 인구 5,200만 명 중 약 79%를 차지한다.

- 2023년 7월 기준, 국내 이용자들이 유튜브를 사용한 총 시간은 약 15억3,000만 시간으로, 1인당 사용 시간은 월간 37.2시간이다.

- 우리나라 유튜브 구독자 10만 명 이상 보유 채널은 2020년 말 기준 5,500개, 100만 명 이상은 500개 이상으로 집계됐다.

- 전 세계 유튜브 광고 매출은 성장세를 이어가고 있다. 2022년 유튜브 광고 매출은 약 38조 원(292억 달러, 환율 1,300원 적용)이다.

- 유튜브의 숏폼 콘텐츠 쇼츠(Shorts)는 지난 2021년 서비스를 선보인 이후 빠르게 성장해 2023년 2분기 전 세계 월간 시청자 수가 20억 명을 넘어섰다.

- 유튜브 쇼츠에서 발생하는 하루 영상 조회수는 전 세계적으로 약 500억 조회수 이상(2023년 8월기준)을 기록하고 있다.

2) 마케터가 알아야 할 유튜브 핵심 알고리즘

유튜브를 통해 성공적인 마케팅을 원한다면 그 안에서 이뤄지는 핵심적인 알고리즘을 이해해야 한다. 정성을 쏟은 자신의 영상과 채널을 더 많은 사람들에게 알리고자 한다면 유튜브 핵심 알고리즘을 반드시 숙지하자. 아래 내용은 'YouTube Creators Academy', 'YouTube 고객센터'를 근거로 했다.

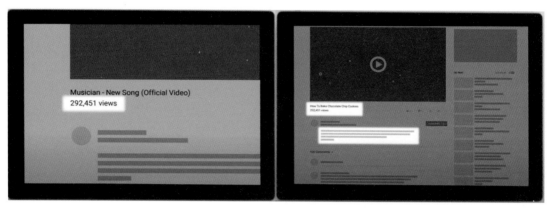

[이미지 설명 : YouTube Creators 채널, '유튜브 검색 및 탐색 성공을 위한 팁' 영상 화면]

(1) 조회수

- 동영상의 인기 척도를 알려주는 게 바로 조회수다. 유튜브 광고를 집행하는 대부분의 광고주는 영상 조회수를 가장 중요한 마케팅 성과지표로 삼고 있다. 조회수는 사람들이 동영상을 시청한 횟수이고 흥행의 기준이 된다.

- 유튜브 영상 조회수는 어떤 기준으로 적용되는 것일까? 아쉽게도 관련한 공식 정보가 공개된 적은 없다. 다만 업계에서는 약 10초 정도를 시청하면 조회수가 인정되는 것으로 알려져 있다.

- 조회수는 실시간으로 올라가는 듯 보이나 실제 최대 24시간까지 걸릴 수 있다. 이러한 시간 차이는 정상적이지 않은 시청에 대한 판단을 하는 일종의 필터링 시스템이다.

- 조회수가 카운팅되는 기준은 공개되어 있지 않다. 이를 악용하는 어뷰징(abusing)을 막기 위해서다. 어뷰징은 영상의 조회수를 의도적으로 조작함을 말하는 것인데, 조회수를 올리기 위해 기계 등을 이용해 부정하게 올리는 것을 말한다.

- 일부 동영상의 경우 조회수 집계가 정지되거나 예상과 달리 모든 조회수가 표시되지 않을 수 있다. 동영상 조회수는 콘텐츠 크리에이터, 광고주, 시청자에게 공정하고 긍정적인 사용 환경을 유지하기 위해 알고리즘에 따라 검증된다.

- 유튜브는 조회수가 정확한 실제 값인지 확인하기 위해 1) 일시적으로 집계 속도를 줄이거나 2) 집계를 정지하거나 3) 조회수를 변경하며 품질이 낮은 재생 횟수를 삭제하기도 한다.
- 유튜브에서 외부로 공유된 영상은 자동재생 or 수동재생 여부에 따라 조회수 집계가 달라진다. 자동재생의 경우 유저가 영상을 시청할 선택권을 주지 않았기에 조회수에 포함시키지 않고, 영상을 클릭하여 재생된 시청 시에만 조회수를 집계한다.

(2) 검색 결과

- 유튜브 검색 결과 역시 구글의 검색 엔진과 동일한 방식으로 사용자가 찾고자 하는 가장 관련성 높은 검색 결과를 노출시키고 있다. 그러기 위해서 1) 제목 2) 설명문구 3) 동영상 콘텐츠가 시청자의 검색어와 얼마나 일치하는지 등을 고려해 동영상 순위를 매긴다.
- 또 특정 검색어에 대해 어느 동영상이 가장 유저 참여도(조회, 댓글, 공유, 좋아요, 싫어요, 시청시간 등)가 높은지 고려한다. 즉 단순히 동영상 조회수만으로 검색 결과 동영상 순위를 매기지 않는다.
- 이러한 원리에 따라 자신의 동영상을 특정 검색 결과에 노출하고 싶다면 기본적으로 해당 키워드를 자신의 영상 제목 또는 설명문구 그리고 태그에 포함하고 있어야 한다. 주의해야 할 점은 검색이 잘 되기 위해 영상에 태그를 너무 많이 또는 관련성 없는 내용을 작성하면 영상 삭제 등의 불이익을 받게 된다.
- 영상 품질도 역시 빼놓지 않을 수 없다. 어떤 채널이 특정 주제에 관한 전문성, 신뢰성을 보이고 있는지 판단하는 요소를 식별하여 점수화한다.

(3) 추천 영상

- 추천 영상은 기본적으로 현재 시청자가 보고 있는 유사한 주제의 영상을 지속적으로 보이거나 각 시청자의 과거 시청 이력을 바탕으로 유사한 주제의 영상을 노출시킨다.

[이미지 설명 : YouTube Creators 채널, '유튜브 검색 및 탐색 성공을 위한 팁' 영상 화면]

- 여기서 중요한 것은 단순히 특정 시청자에게 추천 영상으로 노출되는 것에서 그치지 않고 클릭을 유도해 시청이 이뤄지게끔 하는 것이다. 추천 영상에 대한 관심과 호기심은 이 영상이 무엇을 담고 있는지 예상할 수 있는 섬네일과 제목으로, 최대한 그 취지를 살리는 게 중요하다.
- 영상 내용의 하이라이트 부분을 섬네일로 만들고, 정확한 정보와 흥미를 유발할 수 있는 제목을 표현하여 클릭을 유도할 수 있어야 한다. 또한 영상 초반 시청자가 재미를 느끼며 집중할 수 있도록 구성과 편집에 신경 쓰자.
- 유튜브 '추천영상'에 영향을 주는 요소는 1) 구독 중인 채널의 영상 2) 과거 시청 기록이 있는 영상 3) 시청 중인 영상과 관련 또는 유사 영상 등 복합적인 요소가 반영된다.

(4) 인기 영상

- 유튜브 인기 영상 영역은 해당 국가에서 가장 인기 있고 관심도가 있는 영상이 노출된다. 인기 급상승 동영상 노출에는 여러 가지 요소가 반영된다. 절대적인 조회수가 높다고 무조건 높은 순위에 게재되는 것은 아니다.
- 먼저 구독자 1,000명 이상의 채널을 기준으로 동영상 수, 조회수 증가율, 구독자 증가율 등이 고려된다. 또한 유튜브 내 인기 또는 신규 크리에이터, 많은 사람들이 소비하는 카테고리인 영화, 음악 콘텐츠에서의 반응도 높은 영상도 인기 급상승 페이지에 게재될 수 있다.
- 인기 영상 탭을 통해 유튜브와 전 세계에서 어떤 일이 일어나고 있는지를 알 수 있다. 인기 급상승 동영상 목록은 약 15분마다 업데이트되며, 그때마다 목록의 동영상 순위가 오르거나 내려가거나 그대로 유지된다.

- 다양한 시청자의 관심을 끄는 동영상, 현혹하거나 선정적이지 않은 동영상, 유튜브와 전 세계에서 일어나고 있는 일들을 다루는 동영상, 크리에이터의 다양성을 보여주는 동영상, 흥미와 새로움을 느낄 만한 동영상 등이 중요한 요소이다.

(5) 수익창출

- 유튜브를 통해 돈을 벌 수 있는 방법은 다양하다. '유튜브 파트너 프로그램(YouTube Partner Program, 이하 YPP)'에 가입하면 1) 광고 2) 채널 멤버십 3) 상품 4) 슈퍼챗 및 슈퍼스티커(Super Chat or Super Sticker) 5) 유튜브 프리미엄(YouTube Premium)을 이용한 수익창출을 할 수 있다.

[수익창출 기능을 사용하기 위한 최소 조건]

수익창출	조건
광고 수익	1) 만 18세 이상, 애드센스를 통해 지급액을 처리할 수 있는 만 18세 이상의 법적 보호자가 있어야 함 2) 광고주 친화적인 콘텐츠 가이드라인을 준수하는 콘텐츠 제작
채널 멤버십	만 18세 이상, 유튜브 채널 구독자수 1,000명 초과
상품 섹션	만 18세 이상, 유튜브 채널 구독자수 1,000명 초과
슈퍼챗 및 슈퍼 스티커	만 18세 이상, 슈퍼챗이 제공되는 국가 또는 지역 거주
유튜브 프리미엄 수익	유튜브 프리미엄 구독자용 콘텐츠 제작

- 특히 광고 수익을 창출을 하려면 채널 소유자(창작자)가 원해야 한다. 자격조건으로는 구독자가 1,000명 이상이면서, 최근 12개월 이내 영상 시청시간 4,000시간 이상 또는 최근 90일 이내 쇼츠(Shorts) 동영상 1,000만 회 이상이 되면 심사를 통해 승인이 되는 방식이다. 광고 수익은 창작자와 유튜브가 55%, 45%로 나누는 구조다.

- 아래 표와 같은 광고 형식을 선택하면 영상 재생 전(프리롤), 재생 중(미드롤), 재생 후(포스트롤)로 광고가 게재되어 수익화된다.

[수익 창출할 수 있는 광고상품 유형]

광고 형식	설명
건너뛸 수 있는 동영상 광고	건너뛸 수 있는 동영상 광고는 5초 후에 건너뛸 수 있음
건너뛸 수 없는 동영상 광고	건너뛸 수 없는 동영상 광고를 시청해야 동영상을 볼 수 있음
범퍼 광고	건너뛸 수 없는 짧은 길이(최대 6초)의 동영상 광고로, 이 광고를 시청해야 동영상을 볼 수 있음

- 유튜브 데스크톱(PC)에서 게재됐던 이미지 배너 광고형식의 오버레이 광고는 2023년 4월 6일부터 유튜브 광고 상품에서 제외됐다.

3) 구글 광고 프로그램 구글애즈(Google Ads) 알아보기

- 유튜브 동영상 광고를 하기 위해서는 먼저 구글의 광고 프로그램인 '구글애즈(Google Ads, 이하 구글애즈)'를 알아야 한다. 구글 검색, 이미지 배너, 유튜브 동영상 광고, 모바일 앱 광고 등 구글의 모든 광고 상품은 구글애즈에서 송출한다.

- 구글 광고를 하기 위해서는 구글애즈 계정을 만들어야 한다. 이메일만 있으면 누구나 자신의 계정을 만들어 광고를 할 수 있다.

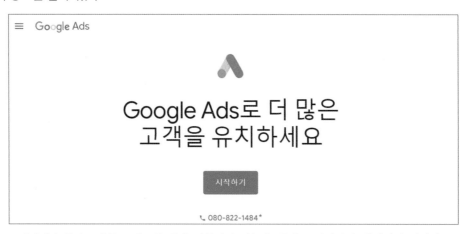

[이미지 설명 : 유튜브 광고를 위해 만들어야 하는 '구글애즈 시작하기' 웹페이지 이미지]

4) 유튜브 쇼츠(Shorts)

- 유튜브의 숏폼 콘텐츠 '쇼츠'는 지난 2021년 서비스를 선보인 이후 빠르게 성장해 2023년 2분기 전 세계 월간 시청자 수가 20억 명을 넘어섰다. 쇼츠에서 발생하는 하루 영상 조회수는 전 세계적으로 약 500억 조회수 이상(2023년 8월기준)을 기록하고 있다.

- 유튜브 쇼츠는 스마트폰과 유튜브 앱 쇼츠 카메라만 있으면 누구나 콘텐츠를 촬영, 편집, 제작할 수 있는 기능이다. 최대 60초 길이의 짧은 형식 동영상으로, 영상의 가로세로 비율이 정사각형 또는 세로 비율이어야 한다.

- 시청자는 유튜브 홈페이지와 앱 쇼츠 탭, 유튜브 채널 내에서 시청할 수 있다. 쇼츠 영상 제목 또는 설명에 #Shorts를 포함하면 유튜브에서 쇼츠 동영상이 추천되는 데 도움이 될 수 있다.

2. 유튜브 광고 시작하기

1) 유튜브 광고상품 소개

유튜브는 항상 발 빠르게 시청자와 광고주의 눈높이에 맞는 광고 상품을 내놓으며 동영상 광고 시장을 선도했다. 초기 유튜브 광고는 트루뷰(TrueView) 광고로 대표되는 최초 '건너뛰기' 가능 광고 '인스트림(InStream, 30초 이상 시청 시 과금)', 많은 노출량을 자랑하는 경매형 '비디오 디스커버리(Discovery, 섬네일 형태 영상/현재 명칭 : 인피드 동영상 광고)'와 예약형 '마스트헤드(Masthead, 유튜브 첫 화면 최상단)'였다. 이후 중소 규모 기업이 겪던 영상 소재 제작과 수급의 어려움을 '범퍼애드(Bumper Ad, 6초 동영상 광고)'로 극복하고, 시청자의 참여를 유도하는 '비디오 액션 캠페인', '동영상 앱 캠페인', '클릭 유도문안' 등 전환 퍼포먼스 기반 상품도 업데이트했다.

(1) 건너뛸 수 있는 인스트림 광고(Skippable Instream Ads, 트루뷰 인스트림)

• 유튜브 동영상 광고를 대표하는 '트루뷰 인스트림 광고'는 최근 명칭이 변경되어 '건너뛸 수 있는 인스트림 광고'라 부른다. 광고가 시작되면 5초간 광고가 강제로 노출된 이후 건너뛰기(skip) 버튼이 등장한다.

[건너뛸 수 있는 인스트림 광고(트루뷰 인스트림 광고) 노출 모습]

[이미지 설명 : '건너뛸 수 있는 인스트림 광고'로, 영상 내 오른쪽 하단 '광고 건너뛰기', 영상 내 왼쪽 하단 'CTA', 이미지 오른쪽 상단 '비디오 컴패니언 배너'가 각각 노출되는 화면]

- 건너뛰기가 가능한 인스트림 광고는 영상 재생 전(프리롤), 재생 중(미드롤), 재생 후(포스트롤) 노출될 수 있으며, 중간광고(미드롤)는 영상 길이가 8분 이상 시에만 허용하고 있다. 광고는 유튜브 내 영상 시청 페이지, 구글 동영상 파트너 사이트 등에 게재된다.
- 과금방식은 CPV(Cost Per View)로 유저의 시청시간 or 클릭에 따라 비용이 발생한다. 광고 영상이 30초 이상일 경우 30초 이상을, 30초 미만일 경우에는 시청을 완료해야 광고비용이 발생한다.
- 여기에 영상 내 다양한 클릭영역(제목, 랜딩URL, CTA, 컴패니언 배너 등)을 클릭하여도 과금이 된다. 페이스북, 인스타그램, 블로그, 카페 등 정상적인 웹페이지라면 모두 적용이 가능하다.
- 광고 영상의 길이는 제한이 없는 것이 특징이지만 구글은 2022년 1월 1일부터 인스트림 장초수 광고 정책을 변경했다. 인스트림 광고에서 3분 이상의 영상은 앞으로 지속 활용 가능하나 3분 미만의 영상보다 더 높은 입찰가격이 필요함을 안내했다. 이는 3분 이상의 영상은 과금 비용이 할증된다는 의미이다.
- 인스트림 광고가 PC기기에 노출되는 경우 영상 오른쪽에 컴패니언 배너가 무료로 함께 노출된다. 컴패니언 배너는 광고 영상이 '공개' 상태인 경우에만 노출되며, 미등록 상태인 영상은 컴패니언 배너가 노출되지 않는다.
- 노출 형태는 '비디오 컴패니언 배너'와 '이미지 컴패니언 배너' 두 가지 형태 중 선택하여 세팅할 수 있다. 컴패니언 배너는 인스트림 광고 노출이 완료되어도 영상이 재생되는 동안 사라지지 않고 남아 있어 브랜드를 알리는 데에 효과적이다.
- '이미지 컴패니언 배너'는 영상과 함께 노출할 이미지(300X60픽셀, 150KB 이하)를 등록해 해당 이미지가 노출되는 형태이다

(2) 건너뛸 수 없는 인스트림 광고(Non-skippable Instream Ads)

- 시청자가 15초 이내 영상을 '건너뛰기'가 불가능한 상태로 광고를 노출시키는 '건너뛸 수 없는 인스트림 광고'는 TV-CF와 유사한 방식이다. 광고는 유튜브 내 영상 시청페이지, 구글 동영상 파트너 사이트 등에 게재된다.
- 과금방식은 노출 1,000회당 과금이 되는 CPM(Cost Per Mile)이다.

[건너뛸 수 없는 인스트림 광고 노출 모습]

출처 : 유튜브 광고 상품소개서

(3) 인피드 동영상 광고(In-feed Video Ads, 트루뷰 비디오 디스커버리 광고)

- '트루뷰 비디오 디스커버리'에서 명칭이 '인피드 동영상 광고(이하 인피드 광고)'로 변경됐다. 인피드 동영상 광고는 '영상 미리보기 이미지'와 '텍스트'로 표현된다.
- 인피드 동영상 광고는 1) 유튜브 첫 화면(홈) 2) 검색결과 상단 3) 시청페이지 추천영상 상단 등에서 노출된다.

[인피드 동영상 광고(트루뷰 비디오 디스커버리 광고) 노출 모습]

출처 : 유튜브 광고 상품소개서

- 인피드 동영상 광고는 명확하게 영상을 시청할 의도가 있는 유저들이 미리보기 이미지 또는 텍스트를 클릭하는 흐름이어서 일반적으로 시청시간이 길다.
- 과금 방식은 CPV (Cost Per View)이며, 영상 이미지 or 텍스트 클릭 시 과금된다. 클릭 후 영상 시청시간은 과금에 아무런 영향을 주지 않는다.
- 인피드 광고의 특징은 광고 클릭 시 영상 시청페이지로 넘어간다. 일반적으로는 영상을 시청할 수 있는 시청페이지로 설정을 하게 되는데, 이때의 장점은 영상을 시청하면서 다양한 유저들의 참여를 이끌 수 있다는 점이다.
- 구독하기, 좋아요, 싫어요, 댓글, 공유하기 등 다양한 인게이지먼트(Engagement)를 유도할 수 있다. 또 PC에서는 영상의 오른쪽, 모바일에서는 영상의 아래쪽 채널 내에 있는 다른 영상들이 추천이 되어 추가 조회수를 확보할 수 있다.
- 광고 영상의 길이는 제한이 없는 것이 특징이며, 3분 이상 영상을 사용해도 입찰 및 과금 방식에 제한을 받지 않는다.
- 텍스트 문구는 광고 제목, 설명문구 1(첫 줄), 설명문구 2(둘째 줄)로 구성되어 있다. 이 중 광고 제목이 가장 중요하며 일반적이고 딱딱한 설명보다는 재밌고 유저의 눈길을 사로잡을 수 있는 문구로 표현하는 것이 좋다. 광고 제목은 언제나 노출되지만 설명문구 1과 2는 노출빈도가 높지 않아 상대적으로 중요도가 낮다.

(4) 범퍼애드(Bumper Ad)

- 범퍼애드는 광고 노출 시간이 6초 이내로 매우 짧은 것이 특징이다. 6초 내에 직관적인 메시지로 임팩트 있게 메시지를 전할 수 있다.

[범퍼애드 노출 화면]

출처 : 유튜브 광고 상품소개서

- 범퍼애드의 장점은 광고에 대한 거부감이 낮다는 것이다. 광고 노출이 6초 이하여서 시청자들에게 큰 거부감 없이 전해질 수 있다.
- 두 번째는 영상 소재 제작의 편리성이다. 유튜브 광고 집행에 있어 큰 걸림돌 중의 하나는 바로 광고 영상 제작이었다. 범퍼애드는 영상제작에 대한 고민도 상대적으로 적을 수 있어 다양한 내용으로 여러 영상을 광고소재로 사용하는 것이 유리하다.
- 입찰과 과금은 노출 1,000회당 비용을 지불하는 방식의 CPM (Cost Per Mille)이다.

(5) 아웃스트림

- 아웃스트림은 유튜브 이외에 구글 디스플레이 네트워크의 동영상 파트너 지면들에 노출되는 상품이다. 광고 영상의 도달률을 높여 효과적인 브랜딩 광고를 할 수 있다.
- 소리 없이 자동재생되며, vCPM (조회 가능 CPM 입찰 방식)으로 지면의 50% 이상 2초 이상 노출 시 과금된다. 모바일과 태블릿 전용 광고이며, PC에서는 노출되지 않는다.
- 아웃스트림 클릭 영역은 1) 영상 영역 클릭 시 : 사운드가 켜지며 영상이 처음부터 다시 재생됨 2) 광고주 로고 이미지/Call to Action (화살표) 클릭 시 : 설정한 랜딩 페이지로 연결 3) 텍스트 영역(광고 제목, 상세 설명문구) 클릭 시 : 아무 액션도 일어나지 않음 4) 일시중지 아이콘 클릭 시 : 자동 재생되는 프리뷰 영상이 일시 중지된다.

(6) CPM 마스트헤드(CPM Masthead)

- CPM 과금 방식으로 1,000회 노출 당 가격을 매겨 확보할 노출 수 목표만큼 비용을 지불하는 방식이다.
- 유튜브 앱에 접속해보면 가장 먼저 보이는 영상 중 영상 섬네일, 제목, 설명문구, 클릭유도 문안이 노출된 광고를 볼 수 있을 것이다.

[CPM 마스트헤드 노출 모습]

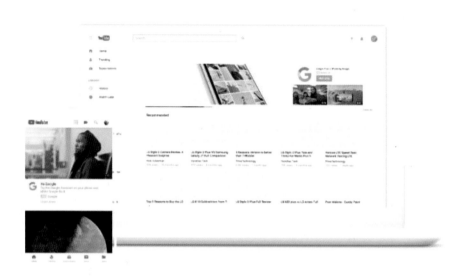

출처 : 유튜브 광고 상품소개서

- 유튜브 광고 지면 중에서도 프리미엄 지면이라고 할 수 있는 홈페이지 최상단을 점유할 수 있다.
- 새롭게 브랜드를 런칭하거나 시즌 이슈로 한정된 기간 동안 대대적인 마케팅을 할 때 대세감을 확보할 수 있는 상품이다. 많은 브랜드들이 최대한 많은 사람들에게 알리는 것을 광고 목표로 설정하곤 한다.
- 이 상품의 장점은 타겟팅이 가능하다는 것이다. 내가 원하는 유저에게만 선별적으로 광고를 노출하기 때문에 타겟 유저만을 공략하여 도달률을 높일 수 있다.
- 또한 원하는 비용만큼만 집행하여 노출수를 확보할 수 있다. 이런 점 때문에 하루 동안에도 여러 브랜드들이 유튜브 홈 지면에 광고를 노출할 수 있다. 사전에 구매한 노출량에 따라 광고가 롤링되는 방식이다.

2) 마케팅 목표별 유튜브 광고 운영 전략

우리에게 익숙한 깔때기 모양의 마케팅 퍼널(Marketing Funnel)은 1) 인지 2) 고려 3) 호감 4) 구매 5) 충성 5가지이다. 각 단계별 마케팅 전략은 유튜브 광고 상품과 타겟팅으로 실행할 수 있다. 각각의 마케팅 단계에 따라 어떤 유튜브 광고 상품과 타겟팅을 사용해야 하는지 알아보자.

[구글애즈 캠페인 목표 선택하기 페이지 화면]

[이미지 설명 : 구글애즈 캠페인 설정 시 가장 먼저 선택하는 것은 목표 설정이다.
이후 목표를 달성할 수 있는 광고 상품과 타겟팅을 선택한다.]

(1) 브랜드 인지도를 높이기 위한 전략

- 자사 상품과 서비스가 시장에서 인지도가 높지 않은 비즈니스 초기 단계에서는 소비자에게 최대한 많이 알리는 활동이 중요하다. 유튜브 광고를 활용해 어떻게 타겟 잠재고객에서 우리 제품과 서비스를 많이 알릴 수 있을지 알아보자.

브랜드 인지도 구축을 위한 광고상품 ① CPM 마스트헤드(CPM Masthead)

- 유튜브 홈 최상단 위치에 광고를 위치시키는 CPM 마스트헤드(CPM Masthead)의 가장 큰 장점은 유튜브를 이용하는 모든 사람에게 한 번 이상 광고를 노출시킬 수 있다는 것이다. 주목도를 높일 수 있으며 영상의 섬네일과 제목, 설명문구 등을 통해 광고 영상 노출 기회를 갖고, 클릭 유도를 통해 자사 웹사이트로 고객을 유입시킬 수 있다.

- 요약하자면 CPM 마스트헤드 광고는 초기 비즈니스 단계에서 많은 사람들에게 자사 제품과 서비스를 알려 잠재고객에게서 높은 주목도를 얻고 대세감을 확보할 수 있다.

브랜드 인지도 구축을 위한 광고상품 ② 범퍼애드(Bumper AD)

- 짧지만 강력한 메시지 전달이 가능한 범퍼애드는 6초 이하 영상만 사용할 수 있는 짧은 광고다. 명확한 장점은 광고 거부감 없이 유저에게 핵심적인 메시지를 전달할 수 있는 광고다. 범퍼애드는 CPM과금 상품으로 1,000회 노출 당 단가는 3~4천 원 선이다. 다른 노출형 광고들보다 저렴한 단가로 많은 유저에게 도달할 수 있기 때문에 도달률을 높이는 데에도 좋은 상품이다.

브랜드 인지도 구축을 위한 광고상품 ③ 트루뷰포리치(Trueview for Reach)

- 6초 동영상 '범퍼애드'와 건너뛰기가 가능한 '인스트림' 광고를 잘 결합시킨 광고상품이다. 과금 방식은 CPM이며, 노출 목적의 광고 상품이기 때문에 도달률을 높이는 데 유리하다.
- 영상 길이에 제약이 없기 때문에 6초보다는 긴 영상으로 스토리를 전달할 수 있다는 장점이 있다. 15초~20초 영상 사용을 권장하고 있다.
- 과금 방식이 CPM인 노출 목적의 광고 상품이기 때문에 도달률을 높이는 데 유리하다. 트루뷰 인스트림 집행 시 트루뷰포리치 상품을 믹스하여 집행하면 인스트림만 집행했을 때보다 도달률을 높일 수 있기 때문에 전략적으로 활용하는 것이 좋다.

브랜드 인지도 구축을 위한 광고 타겟팅

- '브랜드 인지도 상승' 목적은 마케팅 초반 우리 브랜드의 잠재고객을 형성하는 상위 퍼널에 위치한 목표이다. 이 단계에서는 넓게 도달할 수 있는 타겟팅을 권장한다.
- 구글이 추천하는 타겟팅으로는 1) 인구통계 2) 상세한 인구통계(자녀유무, 결혼여부, 최고학력, 주택소유 여부) 3) 관심분야(뉴스 및 정치, 미디어 및 엔터테인먼트, 미용 및 웰빙 등 일반적인 카테고리) 4) 맞춤관심 분야(유저의 관심사를 내 브랜드에 맞게 커스터마이징 가능) 타겟팅이다.

(2) 브랜드 고려도를 높이기 위한 전략

- 유저들의 자발적인 참여를 끌어낼 수 있는 유저들의 관여 단계이다. 즉, 유저들의 브랜드 고려도를 높여야 할 단계에 도착한 것이다. 많은 브랜드들이 단순히 인지도 제고 캠페인 이후 추가적인 액션을 취하지 않고 유저들의 자발적인 참여를 원한다. 노출을 통해 브랜드 인지도를 높였다면 해당 유저들에게 알맞은 고려도를 높이는 액션 순으로 각 퍼널에 맞춰 캠페인을 잘 설계해야 한다.

- 고려도 단계에서는 CPV 광고 포맷을 잘 활용하는 것이 관건이다. CPV광고 포맷의 경우 브랜드 스토리를 효율적으로 전달하여 고객의 선호와 고려도를 높일 수 있다. 최적의 광고는 바로 건너뛰기가 가능한 인스트림 광고(前 트루뷰 인스트림), 인피드 동영상 광고(前 트루뷰 디스커버리 광고) 상품이다.

브랜드 고려도를 높이기 위한 광고 상품 ① 인스트림 광고(트루뷰 인스트림)

- 브랜드 인지도 제고에서는 최대한 많은 노출을 통해 유저들에게 브랜드를 알리는 형태의 광고 상품을 활용하였다면 고려도 단계에서는 앞서 말한 CPV형태의 상품인 트루뷰(TrueView) 즉, 진성 조회를 유도하는 상품을 활용하여 유저들이 자발적으로 영상을 조회하고 반응하도록 유도해야 한다. 여기서 활용할 수 있는 상품이 바로 건너뛰기 가능한 인스트림 광고(트루뷰 인스트림) 상품이다.
- 인스트림 상품의 경우 조회 당 과금 방식으로 조회를 한 유저들에게 과금을 하는 매우 합리적인 형태의 상품이다. 브랜드 영상에 관심이 없어 건너뛰기를 하거나, 이탈한 유저들에게는 과금 되지 않기 때문에 브랜드 입장에서 선호할 수밖에 없는 상품이다.
- 인스트림 광고 성공전략으로는 1) 브랜드 인지도는 어느 정도 있으나 핵심 메시지 전달이 필요할 때 2) 진성 조회를 유도하면서 유저 고려도 상승 도모가 필요한 경우이다.

브랜드 고려도를 높이기 위한 광고 상품 ② 인피드 동영상 광고(트루뷰 비디오 디스커버리)

- 유튜브 채널 활성화를 위한 인피드 동영상 광고(前 트루뷰 디스커버리 광고) 광고를 클릭할 경우 내 채널에서 영상이 재생되기 때문에 광고 반응 유저들을 내 채널로 끌어올 수 있다는 장점이 있다.
- 유튜브 내 다양한 지면에 노출되고 채널 활성화 전략에도 매우 큰 영향을 주는 상품이다. 인피드 동영상 광고의 경우 구독하기, 좋아요, 싫어요, 댓글, 공유하기 등에 대한 다양한 참여를 유도할 수 있다.
- 인피드 동영상 광고는 명확하게 영상을 시청할 의도가 있는 유저들이 섬네일 혹은 텍스트를 클릭하여 유입되기 때문에 관여도가 높은 유저들이 직접 채널에 들어온다. 특히 유저 반응도 끌어올 수 있어 채널 활성화에 가장 저한한 광고 상품이라 할 수 있다.
- 인피드 동영상 광고 성공 전략으로는 1) 관여도가 높은 유저들에게 광고를 노출시켜 영상에 유입시키고자 할 때 2) 유튜브 채널 활성화를 위한 광고 상품이 필요할 때 3) 유튜브 다양한 지면 노출을 통해 노출과 조회를 동시에 얻고자 할 때이다.

브랜드 고려도를 높이기 위한 타겟팅

- '고려도 상승'을 목표로 하는 유튜브 광고에서 구글이 추천하는 타겟팅으로는 1) 주제 2) 키워드 3) 게재위치 3가지를 꼽는다.
- 반응을 보인 유저들이 어떠한 지면, 주제에 관심을 가지고 있는지 파악하고 내 브랜드에 관심 있는 유저들이 위치해 있을 법한 지면에 노출시키는 전략이 중요하다.
- 인스트림 광고의 경우 주제, 채널 타겟팅이 적합하다. 광고가 영상 앞 단에 강제적으로 노출되기 때문에 내 브랜드, 소재에서 전달하고자 하는 스토리와 관련된 영상 앞을 집중 공략할 수 있다.
- 키워드 타겟팅은 우리 브랜드와 관련된 또는 타겟 유저가 관심 있을 법한 내용(키워드) 담긴 지면에 노출시켜 유저의 관심을 높일 수 있다.

(3) 퍼포먼스 증대를 위한 전략

- 인지도&고려도 단계의 상품을 활용하여 우리 브랜드를 알리고, 웹사이트로 유저가 들어오게 했다면 이제는 매출이다.
- 구매를 일으키기 위해선 유저들이 상품을 구매할 수 있도록 비즈니스 및 상품을 지속적으로 노출하고 '특가 찬스', '할인 중', '구매하기' 등 유저의 행동을 유도하는 문안을 통해 액션(구매)를 유도해야 한다.

퍼포먼스를 높이는 광고 상품 ① '비디오 액션 캠페인(Video Action Campaign)'

인스트림   홈피드   GVP

[이미지 설명 : 유튜브 광고 상품소개서, 단 하나의 캠페인으로 모든 동영상 광고 지면에 노출되는 '비디오 액션 캠페인' 소개 화면]

- 전환 가능성이 높은 시청자를 찾아다니며 유튜브 내 모든 페이지에서 광고가 노출되는 '비디오 액션 캠페인 (Video Action Campaign)'의 특징이다.
- 광고 영상 하단에 다양한 관련 제품을 노출되고, 사이트링크를 추가해 '할인' 또는 '무료배송' 등의 정보를 추가할 수 있다. 또 앱 딥링킹(App Deeplinking) 기능을 사용하여 앱 내 상세 페이지로 시청자를 이동시켜 구매 고려도도 높일 수 있다.

퍼포먼스를 높이는 광고 상품 ② '유튜브 디스커버리(YouTube Discovery)'

[유튜브 디스커버리 광고 노출 화면]

- 유튜브 광고 상품과 솔루션도 퍼포먼스 중심으로 발전하고 있다. 그중 가장 주목받고 있는 광고 상품은 '유튜브 디스커버리'이다.
- 이미지와 텍스트로 표현되는 이 상품은 광고 클릭 시 광고주가 원하는 도착페이지로 시청자를 이동시킨다. 광고 노출 지면의 안정성과 정교한 타겟팅, 가성비 좋은 광고비 등이 큰 장점이다.

퍼포먼스를 높이는 타겟팅 ① 비즈니스와 상호작용한 방식(비디오 리마케팅)

- 온라인에서 가장 고도화된 잠재고객 타겟팅 방식은 리마케팅이다. 유튜브에서도 브랜드 인지도와 퍼포먼스를 높일 수 있는 매우 핵심적인 타겟팅 방식으로 비디오 리마케팅을 사용하고 있다.
- 유튜브 채널을 구독하고 있거나 동영상 시청 이력이 있는 유저들을 대상으로 반복 노출시켜 광고 목표를 가장 효율적으로 달성할 수 있다.

3) 유튜브 광고 캠페인 설정

(1) 예산 설정

- 캠페인 예산은 광고비를 설정하는 매우 중요한 기능이다. 일일예산은 일예산을 직접 관리하며 광고를 운영하는 방식으로, 하루 광고 비용을 설정해 예산을 균등하게 사용한다.
- 총예산은 광고 집행 기간을 선택해 이 기간 내 집행할 전체 예산(광고비)을 설정한다. 설정된 기간 내 총광고비가 소진되며 광고가 운영된다.
- 캠페인 시작일과 종료일을 설정하여 특정 시점에 캠페인을 자동으로 ON/OFF되게 설정할 수 있다. 이 기능은 특정 요일과 시간에 자동으로 광고를 온오프 할 수 있다.

[구글애즈 캠페인 '예산 및 날짜' 설정 화면]

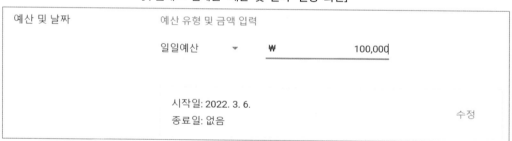

(2) 네트워크 설정

- 캠페인 네트워크는 영상 광고를 노출시킬 범위를 정하는 것으로, 광고 형식별 노출 가능한 네트워크가 다르기 때문에 원하는 광고 형식에 맞춰 노출범위를 선택해야 한다.

[구글애즈 캠페인 '네트워크' 설정 화면]

네트워크	☑ **YouTube 검색결과**
	YouTube 검색결과 옆에 광고를 게재할 수 있습니다. 반응형 및 인피드 동영상 광고 유형에만 사용할 수 있습니다.
	☑ **YouTube 동영상**
	YouTube 동영상, 채널 페이지, YouTube 홈페이지에 광고를 게재할 수 있습니다.
	☑ 디스플레이 네트워크의 동영상 파트너 ⑦

① 유튜브 검색결과 : 검색결과에 게재되며 인피드 동영상 광고만 가능

② 유튜브 동영상 : 동영상 시청 페이지, 추천 영상 영역, 유튜브 홈페이지 등에 게재되며 인스트림, 인피드 동영상 광고, 범퍼애드 등 모든 광고 형식 기능

③ 디스플레이 네트워크 동영상 파트너 : '디스플레이 네트워크의 동영상 파트너' 선택 시 구글과 제휴가 되어 있는 외부 동영상 파트너 지면, 모바일 앱, 언론사와 커뮤니티에 게재 가능

(3) 입찰전략 설정

• 광고 목적 및 광고 유형에 따라 입찰 전략을 선택해야 한다. 캠페인에서 설정한 입찰 전략에 따라 세팅 가능한 광고 형식이 달라지게 된다.

• 인스트림 광고 또는 인피드 동영상 광고 캠페인을 세팅할 때에는 CPV 입찰, 범퍼애드는 CPM 입찰을 선택한다. 비디오액션 캠페인과 같이 전환목표 캠페인은 전환수 최대화 혹은 타겟CPA 입찰을 선택하면 된다.

[구글애즈 캠페인 '입찰가' 설정 화면]

입찰	최대 CPV 입찰가	최대 CPV(조회당비용) 입찰가는 동영상 광고를 사용자가 시청할 때 광고주가 지불하고자 하는 최대 금액입니다. 자세히 알아보기
	₩　　　　　　60	

(4) 인벤토리 설정

• 브랜드 세이프티를 위해 광고가 노출되는 광고 게재 지면의 콘텐츠 안정성이 걱정된다면 인벤토리 유형에서 원하는 인벤토리 유형을 선택하여 게재지면을 필터링할 수 있다.

• 인벤토리 유형은 민감한 지면에 광고 노출을 원치 않을 경우 '제한된 인벤토리'를 선택한다. 그렇지 않은 일반적인 광고 노출의 경우 '표준 인벤토리'로 설정하면 된다.

[구글애즈 캠페인 '인벤토리 유형' 설정 화면]

인벤토리 유형   내 브랜드에 적합한 콘텐츠에 광고를 게재하려면 인벤토리 유형을 선택하세요. ⑦

확장된 인벤토리

일부 민감한 콘텐츠에 광고를 게재하여 사용 가능한 인벤토리를 최대화합니다.

다음과 같은 매우 민감한 콘텐츠는 제외됩니다.

- 과도한 욕설
- 묘사가 노골적인 성적 콘텐츠 및 과도한 노출
- 노골적으로 묘사된 폭력 및 심각한 상해

권장 크기
표준 인벤토리

대부분의 브랜드에 맞는 콘텐츠에 광고가 게재됩니다.

확장 인벤토리와 동일하게 제외되며 다음과 같은 콘텐츠도 제외됩니다.

- 반복되는 심한 욕설
- 노골적인 성적 콘텐츠 및 음란한 대화
- 실제 또는 연출된 폭력

제한된 인벤토리

대부분의 민감한 콘텐츠 유형을 제외하고 사용 가능한 인벤토리를 제한합니다.

확장 및 표준 인벤토리와 동일하게 제외되며 다음과 같은 콘텐츠도 제외됩니다.

- 가벼운 욕설
- 다소 외설적인 콘텐츠

(5) 노출 기기 설정

- 광고가 게재될 수 있는 기기 유형 역시 타겟팅이 가능하다. 게재 가능한 모든 기기를 선택할 경우 PC, 모바일, 태블릿, TV(유튜브)에 모두 노출되며 설정한 목표에 맞춰 효율이 좋은 기기 위주로 광고가 노출된다.
- 특정 기기 혹은 특정 운영체제에만 광고 노출을 원한다면 기기나 운영체제, 네트워크를 선택한다.

(6) 게재빈도 및 일정 설정

- 게재빈도는 광고가 동일한 사용자에게 게재되는 횟수를 의미한다. 광고가 특정 유저에게 집중되는 것을 최소화하고 광고 피로도를 낮추기 위해서는 광고 게재빈도를 조정하는 것이 중요하다. 광고 게재빈도를 설정하면 인당 월/주/일 별로 캠페인, 광고그룹, 소재의 노출수와 조회수를 조절할 수 있다.

[구글애즈 캠페인 '노출 및 조회 빈도' 설정 화면]

게재빈도 설정	이 캠페인의 광고가 동일한 사용자에게 게재되는 횟수 제한 ⑦
	☑ 노출 빈도 제한 ⑦
	이 캠페인의 광고가 동일한 사용자에게 게재되는 횟수 제한
	노출 한도　　　　　　　　빈도
	3　　　　　　　　　　　　/일　　　　▼　❌
	노출 한도 추가
	☑ 조회 빈도 제한 ⑦
	동일한 사용자가 이 캠페인의 광고를 조회하거나 상호작용하는 횟수를 제한할 수 있습니다.
	조회 한도　　　　　　　　빈도
	1　　　　　　　　　　　　/일　　　　▼　❌

• 광고 일정을 설정하면 캠페인 운영 목적에 맞게 요일과 시간대를 구분하여 자동으로 광고를 ON-OFF할 수 있다. 영업 이외의 시간과 요일, 광고 성과가 좋지 않은 새벽 등 특정 시점을 제외하는 것도 가능하다.

[구글애즈 캠페인 '광고 일정' 설정 화면]

광고 일정	월요일~금요일　▼　12:00 오전　~　12:00 오전
	토요일~일요일　▼　9:00 오전　~　6:00 오후
	추가
	계정 시간대 기준: (GMT+09:00) 한국 표준시

(7) 광고그룹 세팅하기

• 동영상 캠페인 기본정보를 모두 세팅했다면 이젠 광고그룹을 설정해야 한다. 광고그룹에서는 광고 입찰가와 타겟팅 설정이 가능하다. 광고그룹 설정 후 광고 소재로 사용할 영상의 URL을 넣고 인스트림, 인피드 광고, 범퍼애드 등 광고 형식을 지정한다.

• 광고그룹에서 설정한 타겟팅한 유저들을 대상으로 광고가 노출되며, 특정 타겟팅에 광고가 노출되지 않도록 제외 타겟팅도 가능하다.

(8) 유튜브 광고소재 설정하기

- 유튜브 광고를 진행하기 위해서는 광고로 사용할 영상은 반드시 유튜브 채널에 업로드 되어있어야 한다. 실제로 광고 소재 설정 시 영상을 따로 업로드하는 것이 아닌 유튜브 채널에 업로드된 영상의 링크(URL)를 이용하여 세팅하게 된다.
- 광고 정책에 위반되지 않는 영상은 모두 광고 운영이 가능하다.
- 광고 정책은 업종도 해당되기 때문에 광고 운영 전에는 광고 정책을 위반하지 않는지 꼭 확인해야 한다.
- 영상 URL을 넣게 되면 시스템이 유튜브에서 해당 영상을 불러오고, 자동적으로 해당 영상소재를 통해 세팅할 수 있는 광고 상품이 노출된다.

(9) 유튜브 광고 영상 업로드 옵션

- 유튜브에 영상을 업로드할 경우 영상의 공개 수준을 정하게 된다. 이때, 광고 소재로 사용할 수 있는 영상은 유튜브에 '공개', '일부공개'로 업로드된 영상만 가능하다.

영상 설정 상태	광고 가능여부	설명
공개	가능	누구나 영상을 볼 수 있는 형태로 유튜브 채널에 노출되는 상태
미등록(일부공개)	가능	영상 URL을 입력하고 들어온 사람들만 영상 시청 가능하며 해당 영상은 유튜브 채널에 노출되지 않는 상태
비공개	불가능	영상을 게재한 본인 이외에는 아무도 볼 수 없는 형태로 비공개로 되어있는 영상 상태
예약	불가능	특정 시간에 업로드되게 예약해둔 상태로, 예약 기능을 통해 영상 업로드 전이라면 광고 세팅이 불가능하며 예약시간이 지나고 업로드된 후에 세팅 가능

4) 유튜브 광고 소재 검수 프로세스

- 유튜브 광고가 가능한지 판단하는 소재 검수는 대부분 24시간 이내 이뤄진다. 광고 소재 검수가 48시간이 지나도록 이뤄지지 않으면 구글 고객센터에 문의해야 한다.

- 유튜브 광고 소재 검수 상태에 대한 의미 알고 대응하는 것이 매우 중요하다.

  ① 검토 중 : 광고가 아직 검토 중이며, 운영 가능 상태가 될 때까지 게재되지 않음

  ② 운영 가능 : 검수 통과를 의미하는 것으로 정상적으로 광고가 게재되고 있음

  ③ 운영 가능(제한적) : 광고 게재가 가능하지만 일부 조건과 환경에서는 광고가 노출되지 않음

  ④ 운영 가능(모든 위치 제한) : 정책 제한 및 타겟팅 설정으로 인해 타겟 지역에서 광고가 되지 않음(다만 타겟 지역에 관심을 보이는 사용자에게는 광고를 게재됨)

  ⑤ 게재 중 : 동영상 광고가 정상적으로 유튜브에 노출되고 있음

  ⑥ 승인됨 : 광고 소재가 검수에 통과한 것으로 정상적으로 광고가 노출되고 있는 상태

  ⑦ 승인됨(제한적) : 광고는 게재되고 있지만 일부 조건과 환경에서는 광고가 노출되지 않음

  ⑧ 비승인 : 광고의 콘텐츠 또는 도착 페이지가 구글 정책 위반으로 광고 노출이 안 됨

  ⑨ 운영 불가능 : 캠페인이 일시중지, 삭제, 종료 또는 대기 중이거나 광고그룹이 일시중지, 삭제 또는 설정이 미완료되어 광고가 게재되지 않음

5) 유튜브 광고에서 알아야 할 필수 용어

- 노출(Impression) : 실제 광고 집행 시 유저들에게 광고가 노출된 횟수이다. 게시물 조회 클릭 여부 관계없이 유저들에게 노출된 횟수를 말한다. 이에 중복 노출된 수치까지 모두 카운팅된다.

- 도달(Reach) : 광고가 노출된 사람이 얼마인지 보여주는 수치로 한 유저에게 여러 번 노출됐다 하더라도 도달은 한 번으로 체크되기 때문에 중복 없이 카운팅된다.

- 조회율(VTR-View Through Rate) : 동영상에 대한 유저들의 반응도를 알 수 있는 중요 지표 중 하나이다. 광고 노출 수 대비 조회된(영상 30초 이상 혹은 클릭할 경우) 조회수를 나눈 비율이다. 예를 들어 조회수가 100회이고, 노출수가 1,000회일 경우 조회율은 10%이다.

- 조회당 비용(CPV- Cost per View) : 영상노출 후 일정시간 동안 1회의 영상 시청이 발생할 때 소요되는 비용

- 노출당 비용(CPM - Cost Per Mille) : 1,000회 광고 노출에 소요되는 비용, CPM = 1,000 x (Budget /Impressions)

- 시청시간 : 유튜브 영상 사용자가 광고를 시청한 총 시간(초)이다.

- 평균시청시간/노출수 : 사용자가 광고 노출 1회당 동영상 광고를 시청한 평균 시간(초)이다.

- 참여 수 : 동영상의 카드를 확장하기 위해 티저나 아이콘과 같은 양방향 요소를 클릭한 횟수를 보여준다. 이 클릭은 웹사이트나 다른 외부 도착 페이지로 연결되지 않으며 순수한 광고 영상 참여 횟수이다.

- 참여율 : 광고에서 발생한 참여 수를 광고가 게재된 횟수로 나눈 값이다.

- 순사용자 : 일정 기간 동안 광고를 본 총 사용자 수이다.

- 고유 쿠키 : 사용자 컴퓨터의 개별 브라우저별로 고유한 쿠키(사용자가 방문한 웹페이지에 사용되는 환경 설정과 기타 정보를 저장함)의 수이다.

- 유튜브 참여도 : 전체 활동 수는 시청자가 동영상 광고를 본 후 유튜브에서 관련 활동을 수행하면 발생한다.

- 획득 조회수 : 유튜브 시청자가 유튜브 채널 또는 보기 페이지에서 후속 동영상을 시청하면 증가한다. 전체 활동 수의 이 유형은 사용자가 채널에서 동일한 동영상을 다시 시청하려고 선택하든 다른 동영상을 시청하려고 선택하든 상관없이 증가한다.

- 구독수 : 광고를 시청한 유저가 채널을 구독하면 발생한다. 1~100구간까지는 정확한 데이터 확인이 어려우며 100 이상의 수치만 정확한 정수로 확인 가능하다.

- 재생목록, 좋아요, 공유 : 광고를 시청한 유저가 유튜브 채널 내에서 각 항목의 활동을 할 경우 증가한다.

3. 유튜브 광고 타겟팅 전략

1) 유튜브 광고 타겟팅 이해

- 온라인 광고의 가장 큰 특장점은 바로 내가 원하는 소비자들에게만 나의 상품과 서비스를 알릴 수 있다는 점이다. 제한된 비용으로 최대한의 광고 효율을 얻기 위해서는 효과적인 광고 노출이 핵심이다.
- 유튜브 광고에서 제공되는 타겟팅으로는 1) 사용자 행동 기반 2) 광고가 노출되는 게재지면 콘텐츠 기반 3) 시청자 성향과 관심사 기반 이렇게 3가지로 크게 나눌 수 있다. 구체적으로 들어가 어떠한 타겟팅이 있고, 각각의 원리는 어떤지 알아보자.

[유튜브 광고 타겟팅 종류와 내용]

2) 사용자 행동 기반 타겟팅

(1) 위치 타겟팅(Location Targeting)

- 자신이 원하는 도시와 국가, 지역 등을 자유롭게 선택해 광고를 노출시킬 수 있는 타겟팅이다. 이 타겟팅은 기본적으로 2가지 원리로 작동한다. 하나는 유저가 현재 유튜브 동영상을 시청하고 있는 물리적/지리적 위치다. 다른 하나는 유저의 최근 관심사를 반영한다.
- 이 타겟팅으로 우리나라 전역 혹은 특정 권역이나 도시를 기반으로 홍보를 하고자 하는 기업에서 해당 지역의 유저들에게만 광고를 할 수 있다. 뿐만 아니라 동일한 원리로 국내에서 미국, 일본, 유럽, 동남아 어디든 간단한 설정으로 전 세계 어느 시장이든 타겟팅하여 광고노출이 가능하다.

- 물리적인 위치를 추적하는 방식으로는 사용자 컴퓨터의 IP 주소, Wi-Fi 네트워크 IP 주소, 구글 지도에서 확인할 수 있는 기기 위치 등을 기반으로 한다.
- 유저의 관심사를 기반으로 한 추적 방식은 최근 유저가 검색한 위치&지역&지리 관련 정보, 과거 활동한 위치 기록, 구글지도를 사용해 검색한 정보 등을 근거로 한다.

[구글애즈 캠페인 '위치 타겟팅' 설정 화면]

[물리/지리적 기반 요소]

IP 주소, Wi-Fi 네트워크 IP 주소, 이동통신사 IP 주소, 구글 위치 데이터, GPS 신호, 블루투스 시그널 등

[관심사 기반 요소]

사용자가 최근 검색한 위치 정보, 과거 물리적 위치, 구글지도 검색 정보 등

(2) 언어 타겟팅(Language Targeting)

- 특정 언어를 사용하고 있는 유저를 타겟팅하는 방식이다. 예를 들어 한국에 있는 영어 사용자에게만 광고를 노출시키고 싶다면 언어 타겟팅을 통해 구현 가능하다.

[구글애즈 캠페인 '언어 타겟팅' 설정 화면]

- 언어 타겟팅의 원리는 다음 2가지이다. 1) 구글 서비스(유튜브, Gmail, 구글검색, 구글플레이 등)를 사용하는 언어 2) 구글 디스플레이 네트워크(뉴스, 커뮤니티 등)에서 각종 콘텐츠를 볼 때 사용한 언어이다.

(3) 기기 타겟팅(Device Targeting)

- 기기 타겟팅은 유저가 어떤 기기로 유튜브를 시청할 때 광고를 노출시킬 것인가를 결정한다. 선택할 수 있는 기기로는 컴퓨터, 휴대전화, 태블릿, TV 화면이 있다.
- 더 나아가서 기기의 운영체제, 기기 모델(아이폰, 갤럭시 시리즈 등), 유튜브 영상을 와이파이 환경에서 시청하는지, 통신사의 네트워크 환경에서 시청하는지의 상황까지도 타겟팅할 수 있다.

[구글애즈 캠페인 '기기 타겟팅' 설정 화면]

기기	
	◯ 게재 가능한 모든 기기(컴퓨터, 모바일, 태블릿, TV 화면)에 게재
	◉ 특정 기기 타겟팅 설정
	☑ 컴퓨터
	☑ 휴대전화
	☑ 태블릿
	☑ TV 화면
	휴대전화 및 태블릿용 고급 타겟팅
	운영체제 모든 운영체제
	기기 모델 모든 기기 모델
	네트워크 모든 네트워크

3) 콘텐츠 기반 타겟팅

- 광고가 게재되는 지면의 내용과 성격을 기반으로 한 타겟팅 방식이다. 즉, 자신의 상품과 서비스에 관심이 있을 만한 잠재고객이 즐겨보는 영상을 타겟팅할 수 있다.
- 예를 들어 전 세계 K-POP 팬들을 대상으로 광고하고 싶다면 유튜브 BTS, 블랙핑크, 트와이스, 에스파 등과 같은 관련 채널과 영상을 타겟팅하면 된다. 콘텐츠 기반 타겟을 알아보자.

(1) 게재위치 타겟팅(Placements Targeting)

- 유튜브에서 특정 채널, 특정 동영상만을 골라서 해당 영상에 광고를 노출시키는 타겟팅 기법이다. 브랜드의 타겟이 매우 협소하고 명확한 경우 특정 영상에서만 광고를 노출하여, 그 지면에서는 확실하게 광고 노출 점유율을 높이는 전략이다.
- 또한 광고가 게재되는 위치를 관리할 수 있기 때문에 브랜드 세프티(Brand Safety, 광고 게재지면의 안정성)를 확보할 수 있다는 장점도 있다.

[구글애즈 캠페인 '게재위치 타겟팅' 설정 화면]

- 다만 지면 타겟팅 중에서는 노출범위를 제한하는 정도가 가장 높아서 광고를 유저에게 보여주는 데 드는 비용도 다른 타겟팅보다는 높은 편이다. 한정된 지면을 두고 다른 광고들과 입찰경쟁을 해야 하기 때문이다.

(2) 주제 타겟팅(Topic Targeting)

- 주제 타겟팅은 지면 기반 타겟팅 중 비교적 넓은 범위의 타겟팅이다. 유저가 시청하는 유튜브 동영상을 뉴스, 엔터테인먼트, 게임, 건강 등과 같은 특정 주제들로 묶을 수 있다. 이 주제들 중에서 내 타겟 유저의 관심사를 고려하여 어떤 주제의 동영상을 주로 시청할지 카테고리를 타겟팅하는 기법이다.

[구글애즈 캠페인 '주제 타겟팅' 설정 화면]

단어, 구문 또는 URL로 검색		선택한 항목 9개	모두 지우기
☑ 쇼핑	⌄	인터넷, 통신	✕
☐ 스포츠	⌄	온라인 커뮤니티	✕
☑ 식음료	⌄	예술, 엔터테인먼트	✕
☐ 애완동물 및 동물	⌄	여행 및 교통수단	✕
☑ 여행 및 교통수단	⌄	식음료	✕
☑ 예술, 엔터테인먼트	⌄	쇼핑	✕
☑ 온라인 커뮤니티	⌄	미용, 피트니스	✕
☑ 인터넷, 통신	⌄	뉴스	✕
☐ 자동차	⌄	건강	✕
☐ 전 세계 각지의 풍습	⌄		

(3) 키워드 타겟팅(Keyword Targeting)

- 유튜브 광고에서 키워드 타겟팅은 내 광고가 노출되었으면 하는 동영상 콘텐츠와 관련된 키워드를 타겟팅하는 방식이다. 내가 타겟팅한 키워드가 포함된 동영상 콘텐츠 앞에 광고가 노출된다.

[구글애즈 캠페인 '키워드 타겟팅' 설정 화면]

제주 여행 호텔
제주
제주도 여행사진
제주도 후기|

키워드 아이디어 얻기

🔗 https://www.jeju.go.kr

🏢 제주도여행

키워드	관련성
＋ 제주	0++
＋ 제주도 후기	80
＋ 제주도국내여행	77
＋ 제주 추천	74
＋ 제주 여행사 추천	71

모든 아이디어 추가

(4) 제외 타겟팅

- 유튜브 광고 집행 시 내 광고가 특정 게재지면과 특정 유저에게 노출되지 않길 원한다면 제외 타겟팅을 통해 회피가 가능하다.
- 가장 많이 사용하는 제외 타겟팅은 특정 게재위치와 특정 키워드를 제외하는 방식이다. 특정 지면과 키워드를 1개 계정당 총 6만 5천 개를 사용할 수 있으며, 한 번에 최대 2만 개까지 입력할 수 있다.

[구글애즈 '제외 타겟팅' 설정 화면]

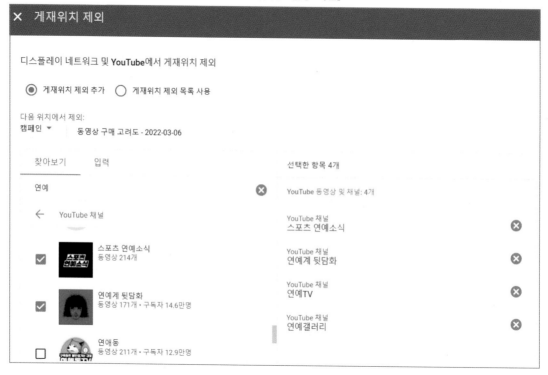

4) 사용자 기반 타겟팅

- 사용자 기반 타겟팅은 앞에서 배운 콘텐츠 기반 타겟팅과는 반대의 개념이다. 이 타겟팅은 광고가 게재되는 지면의 성격은 고려하지 않고 오직 잠재고객의 성향만을 근거로 광고를 노출시킨다.

(1) 인구통계 타겟팅(Demographic Targeting)

- 인구통계 타겟팅은 특정 연령대, 성별, 자녀 유무, 가계 소득 범위 내에 있는 잠재고객을 타겟팅할 수 있다. 예를 들어 20~30대 여성 전용 쇼핑몰을 운영하는 광고주라면, 이 타겟팅을 통해 해당 연령과 성별에게만 광고를 게재할 수 있다.
- 연령 구분은 18~24세, 25~34세, 45~54세, 55~64세, 65세 이상으로 되어 있으며, 18세 미만의 잠재고객은 특정해서 타겟팅이 불가하다.

[구글애즈 캠페인 '인구통계 타겟팅' 설정 화면]

성별	연령	자녀 유무	가계 소득
☑ 여성	☑ 18~24	☑ 자녀 없음	☑ 상위 10%
☑ 남성	☑ 25~34	☑ 자녀 있음	☑ 11~20%
☑ 알 수 없음 ⓘ	☑ 35~44	☑ 알 수 없음 ⓘ	☑ 21~30%
	☑ 45~54		☑ 31~40%
	☑ 55~64		☑ 41~50%
	☑ 65세 이상		☑ 하위 50%
	☑ 알 수 없음 ⓘ		☑ 알 수 없음 ⓘ

(2) 잠재고객 세그먼트(Audience Segment)

① 확장 인구통계 정보(상세한 인구통계)

- 자녀유무, 결혼유무, 주택소유 여부, 고용 상태 등 매우 세부적인 잠재고객 타겟팅이 가능하다.

[구글애즈 캠페인 '확장 인구통계 정보 타겟팅' 설정 화면]

검색	찾아보기	선택한 항목 3개	모두 지우기
← 확장 인구통계 정보		상세한 인구통계	
교육	∧	고용 상태 > 업종 금융 업계	✕
☑ 대학생		주택소유 여부 주택소유자	✕
최고 학력	∨	교육 대학생	✕
주택소유 여부	∧		
☐ 세입자			
☑ 주택소유자			
고용 상태	∧		
업종	∧		

② 관심분야 및 습관정보(관심분야)

• 뉴스 및 정치, 라이프스타일 및 취미, 쇼핑객, 스포츠, 여행 등 12개 주제로 나눠진 잠재고객 타겟팅이 가능하다.

[구글애즈 캠페인 '관심분야 및 습관정보 타겟팅' 설정 화면]

검색	찾아보기	선택한 항목 5개	모두 지우기
← 관심분야 및 습관 정보		관심분야 세그먼트	
☑ 미디어 및 엔터테인먼트	∨		
☐ 미용 및 웰빙	∨	여행 여행 애호가	✕
☑ 쇼핑객	∨	스포츠, 피트니스	✕
☑ 스포츠, 피트니스	∨	쇼핑객	✕
☐ 여행	∧	미디어 및 엔터테인먼트	✕
☑ 여행 애호가	∨	뉴스 및 정치	✕
☐ 출장객			
☐ 은행 및 금융	∨		
☐ 음식 & 음식점	∨		

③ 시장조사 또는 구매계획 정보(구매의도 및 생애 주요 이벤트)

- 특정 주제의 구매 의도를 포함해 결혼, 대학졸업, 이사, 이직, 창업 등의 경조사 정보를 기반으로 한 잠재고객 타겟팅이 가능하다.

[구글애즈 캠페인 '시장조사 또는 구매계획 정보 타겟팅' 설정 화면]

④ 비즈니스와 상호작용한 방식(비디오 리마케팅)

- 비디오 리마케팅이다. 온라인에서 가장 고도화된 잠재고객 타겟팅 방식인 리마케팅은 유튜브 광고에서도 매우 주요한 타겟팅이다. 브랜드 인지도와 퍼포먼스를 높일 수 있는 매우 핵심적인 타겟팅 방식으로 사용하고 있다. 유튜브 채널 시청자 목록으로 기반으로 한 유저들을 대상으로 효율적인 비디오 리마케팅이 가능하다.

[구글애즈와 유튜브 채널을 연동시켜 만들 수 있는 비디오 리마케팅 목록 설정 화면]

- 초기 목록 크기는 과거 30일이 기본값이며, 최대 시청자 데이터 보관 가능 기간은 540일이다. 유튜브 잠재고객 목록으로 다양한 시청자 그룹을 만들 수 있다. 채널 구독자, 채널 방문자, 영상 시청자, 특정 영상 좋아요 또는 댓글 작성자 등이다.

- 유튜브 리마케팅 목록은 1) 채널구독자 1일~540일 2) 채널 영상시청자 1일~540일 3) 채널 방문자 1일~540일 4) 특정 영상시청자 1일~540일 5) 채널 영상 좋아요 or 댓글작성자 1일~540일 등과 같이 만들 수 있다.

- 리마케팅 캠페인 설계 방법으로는 1) 광고 영상을 조회하였지만 채널 구독은 하지 않은 유저를 대상으로 한 채널 활성화 캠페인 2) 브랜드가 메인 채널과 서브 채널, 이렇게 2개의 채널을 운영하는 경우 구글애즈 계정에 모두 연동하여 각 채널과 상호작용한 유저를 교차로 활용하는 캠페인 3) 메인 광고 영상 조회자에게 짧은 서브 영상 A, B, C를 보여줘 브랜드 메시지를 강화하는 캠페인 4) 시리즈 영상인 경우 1편 조회자에게 2편 광고를 노출시키는 캠페인 등이 있다.

⑤ 내 합성 잠재고객 세그먼트

- 앞에서 소개된 다양한 타겟팅을 교차해서 사용할 수 있는 타겟팅이다. 예를 들어 20대 여성이면서 여행을 좋아하는 잠재고객을 타겟팅하고자 한다면 인구통계+관심분야 타겟팅을 적용해 사용할 수 있다.

⑥ 내 맞춤 잠재고객 세그먼트(맞춤 관심사 타겟팅)

- 맞춤 세그먼트를 사용하면 키워드, URL, 앱을 입력하여 원하는 세그먼트에 도달하는 방법을 결정할 수 있다. 디스플레이, 디스커버리, Gmail 및 동영상 캠페인에서 제품 또는 서비스와 관련된 특정 키워드, URL 및 앱을 포함시킨 맞춤 세그먼트를 설정할 수 있다.

[구글애즈 캠페인 '내 맞춤 세그먼트 타겟팅' 설정 화면]

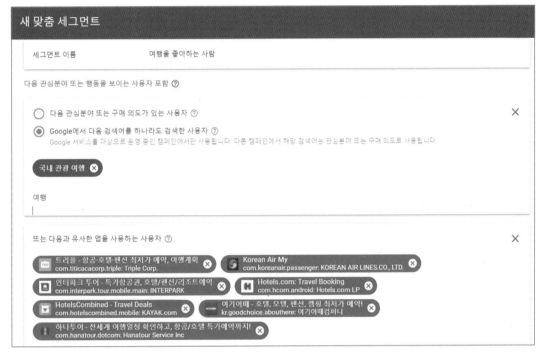

4. 유튜브 광고 성과측정

온라인 광고의 핵심 경쟁력은 바로 측정이 가능하다는 것이다. 유튜브 동영상 광고 역시 다양한 솔루션을 통해 성과를 예측하고 측정할 수 있다. 유튜브 광고의 성과를 어떻게 예상하고 측정하는지 알아보자.

1) 구글애즈 광고 보고서 읽기

• 구글애즈 캠페인에서 라이브 중인 유튜브 동영상 광고에 대해 실시간으로 성과지표를 확인할 수 있다. 보고서 오른쪽 상단, '광고 기간'을 설정하면 해당 기간에 집계된 광고 노출수, 조회수, 클릭수, 조회율, CPV, 클릭수, 광고비 등의 다양한 수치를 확인할 수 있다.

• 기본 광고 지표 이외에도 분류기준에 따라 요일별, 시간별, 기간별, 광고소재별, 광고상품별로 상세한 광고 보고서가 제공된다.

[구글애즈 계정에서 광고 성과를 실시간으로 확인할 수 있는 리포트 화면]

2) 유튜브 광고 성과측정 도구(Tool) 알아보기

(1) 브랜드 인지도 목표에서 필수적인 '도달범위 플래너'

- 도달범위 플래너는 구글애즈에서 제공하는, 유튜브 캠페인의 성과 예측을 도와주는 플래닝 도구이다. 쉽게 말해 유튜브 내에서 내가 목표로 하는 타겟에 얼마나 도달할 수 있는지를 보여준다.
- 광고를 집행한 적이 있는 구글애즈 계정에서 무료로 활용할 수 있다. 장점은 1) 유튜브 캠페인 성과가 목표에 얼마나 근접했는지 검증할 수 있다. 2) 체계적으로 마케팅 예산을 수립하고 진행해 나갈 수 있다.

[구글애즈 계정> '도구 및 설정' > '계획' > '도달범위 플래너' 시뮬레이션 화면]

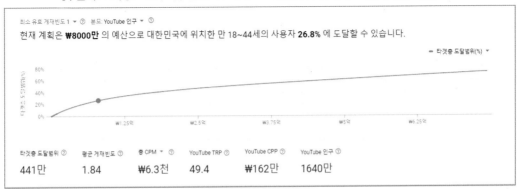

- 도달범위 플래너가 예측해주는 주요 성과는 노출수, 조회수, 노출당 비용, 조회당 비용 등 다양한 지표가 있다. 도달범위 플래너는 그중에서도 '도달(노출수 중에서 중복을 제외하고 광고를 본 순사용자)' 성과를 중점적으로 예측해준다.
- 도달범위 플래너 활용 방법은 크게 2가지이다. 먼저 1) 집행하려는 광고 상품과 예산이 정해져 있을 때, 예산에 따른 도달률을 알고자 할 때 2) 영상 소재, 예산이 정해져 있어서 도달률을 높이기 위한 최적의 광고 상품과 그 예산 비중을 알고 싶을 때이다.

(2) 유튜브 광고 효과 측정 설문조사 '브랜드 리프트 서베이'(Brand Lift Survey, 이하 BLS)

• BLS는 구글애즈에서 광고를 집행하면 무료로 진행할 수 있는 짧은 설문조사이다. 설문을 통한 측정 항목은 인지-고려-전환의 마케팅 퍼널에 따라 광고 상기도, 브랜드 인지도, 브랜드 구매고려도, 브랜드 선호도, 브랜드 구매의도 총 5가지가 있다.

[BLS 노출 화면과 측정 항목 내용]

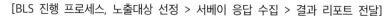

• BLS는 1) 무료 2) 소재, 타겟팅 A/B 테스트 가능 3) 광고를 집행하는 사람이 구글애즈 안에서 직접 세팅, 결과분석까지 할 수 있어 다양한 광고 효과 분석 가능 4) A/B테스트의 결과를 캠페인에 반영하여 실시간으로 광고 성과를 개선할 수 있다.

[BLS 진행 프로세스, 노출대상 선정 > 서베이 응답 수집 > 결과 리포트 전달]

5. 유튜브 광고 마케터가 알아야 할 Tip!

1) 유튜브 저작권 이슈 대응 방안

(1) 내 동영상에 갑자기 유튜브 광고가 게재될 때

- 내 채널이 수익창출의 자격이 없거나 수익창출을 하지 않았음에도 영상 앞 단에 광고가 붙는다면? 이 경우에는 내가 업로드한 영상이 제3자의 저작권을 침해하고 있기 때문이다.
- 누군가의 저작권을 침해할 경우 즉시 제재가 이뤄진다. 해당 영상은 수익을 창출할 수 없고, 강제적으로 동영상 앞에 광고가 붙게 된다. 그리고 여기서 광고수익이 발생하면 나와 관계없이 저작권자에게 수익이 간다.

(2) 저작권 침해 해결 방법

- 저작권 침해 영상의 경우 수익창출이 불가능하며, 제한 사항 '저작권 침해 신고'가 표시된다. 해당 팝업에서는 내 영상 내 저작권 신고 구간과 함께 어떠한 저작권자가 소유하고 있는지 확인 가능하다.
- 저작권 침해 신고 딱지를 뗄 수 있는 방법은 콘텐츠에 저작권 위반사항에 따라 상이하기 때문에 어떠한 문제로 신고가 되었는지 명확하게 파악해야 한다.
- 내 상황에 맞는 사유를 선택하고 사유에 맞는 요건을 검토한다. 소유권에 대한 이의 제기는 구체적인 사유를 작성한 후 제출하게 된다. 해당 단계를 거치면 유튜브에서 검토한 후 소유권자에게 이의제기가 전달된다. 그리고 소유권자가 승인하면 저작권 침해 이슈는 해결된다.

(3) 허위사실 유포 영상 대처방안

- 직접 신고 기능을 활용하자. 하단 (…)을 클릭하면 [신고]란이 확인된다. 가짜뉴스, 허위 사실에 대한 영상을 확인했다면 영상 자체에 대한 신고 처리가 가능하다.

[저작권 위반, 가짜뉴스 등의 동영상을 신고하는 방법]

- 총 9가지의 신고 사유로 크게 나뉘어 있으며 각 사유별 세부적인 사유가 나타나게 된다. 매우 세분화되어 있기 때문에 이슈가 될 만한 부분에 대해서는 명확하게 신고 진행이 가능하다.

[동영상 신고 사유]

사유	
성적인 콘텐츠	1) 노골적인 성적 표현 콘텐츠 2) 과도한 노출 3) 과도한 노출은 없으나 외설적인 콘텐츠 4) 미성년자 관련 콘텐츠 5) 악의적인 제목 또는 설명 6) 기타 성적인 콘텐츠
폭력적 또는 혐오스러운 콘텐츠	1) 성인 폭력물 2) 신체적 공격 3) 청소년 폭력물 4) 동물 학대
증오 또는 악의적인 콘텐츠	1) 증오심 조장 2) 사회적 약자 학대 3) 괴롭힘 4) 악의적인 제목 또는 설명
유해한 위험 행위	1) 약물 남용 2) 불 또는 폭발물 남용 3) 자살 또는 자해 4) 기타 위험한 행위
아동 학대	미성년자에 대한 성적 표현, 이익 침해 또는 모욕하는 내용이 포함된 모든 콘텐츠
테러 조장	테러리스트 조직원을 모집하고, 폭력을 조장하며 테러리스트의 공격을 찬양하거나 다른 방식으로 테러 행위를 홍보하는 목적의 콘텐츠
스팸 또는 오해의 소지가 있는 콘텐츠	1) 대량 광고 2) 의약품 판매 3) 사용자를 현혹하는 텍스트 4) 사용자를 현혹하는 미리보기 5) 사기
권리 침해	1) 저작권 문제 2) 개인정보 보호 문제 3) 상표권 침해 4) 명예훼손 5) 모조품 6) 기타 법적인 문제
자막 문제	1) 자막이 없음 2) 자막이 정확하지 않음 3) 욕설이 포함된 자막

- 신고처리를 한 영상은 좌측 유튜브 더 보기 공간에서 확인이 가능하다. 검토가 시작되면 검토자는 영상 콘텐츠를 분류하게 된다. 영상 내용에 따라 '제한된 동영상' 라벨이 붙는 경우에는 삭제는 되지 않지만 연령 제한이 붙을 수 있다.
- 유튜브 영상 삭제의 경우 유튜브 검토팀에서 영상 업로드 유저에게 가이드를 위반한 사실을 고지하게 되며 위반 정보가 심할 경우 채널과 동영상이 즉시 삭제될 수 있다.

2) 유튜브 광고 시 광고게재지면 안정성(Brand Safety) 확보 방안

- 게재지면을 설정하는 것과 비슷한 방식으로 제외 키워드를 설정하는 것이다. 우리 브랜드와 어울리지 않은 키워드, 민감한 사회 키워드들은 모두 제외하면 해당 키워드들이 담겨 있는 영상, 채널에 우리 광고 노출을 제한할 수 있다.

[구글애즈 제외된 유형 및 라벨]

제외된 유형 및 라벨	브랜드에 맞지 않는 콘텐츠에서의 광고 게재 차단	
	제외할 콘텐츠 유형 선택 ⑦	제외할 디지털 콘텐츠 라벨 선택 ⑦
	☐ 삽입된 YouTube 동영상 ⑦	☐ DL-G: 전체 시청가
	☐ 실시간 스트리밍 동영상*	☐ 가족용 콘텐츠 ⑦
	☐ 게임 운영중지	☐ DL-PG: 보호자 동반 시청가
		☐ DL-T: 청소년 이상 시청가
		☐ DL-MA: 성인용 ⑦
		☑ 라벨이 지정되지 않은 콘텐츠 ⑦

- 콘텐츠 제외 옵션 목록에는 인벤토리 유형, 디지털 콘텐츠 라벨, 콘텐츠 유형 이렇게 3가지로 나눌 수 있다.

인벤토리 유형	
확장된 인벤토리	구글이 표준화한 수익 창출 기준을 충족하는 유튜브와 구글e 동영상 파트너의 모든 동영상에 광고 게재 가능
표준 인벤토리	기본 설정되는 옵션이며, 뮤직 비디오와 다큐멘터리 및 동영상과 같이 대부분의 브랜드에 적합하고 다양한 콘텐츠에 광고를 게재 가능
제한된 인벤토리	부적절한 언어 및 성적인 암시에 대해 광고주 친화적인 콘텐츠 가이드라인에서 정한 수준 이상으로 엄격한 가이드라인을 적용하는 브랜드에 적합하도록 콘텐츠의 범위를 줄여 광고 게재 가능

- 디스플레이 네트워크와 유튜브 웹사이트, 페이지, 동영상 및 앱은 구글 분류 기술을 통해 분석된다. 다양한 잠재고객을 위해 해당 콘텐츠의 적합성에 따라 디지털 콘텐츠 라벨이 지정된다.

디지털 콘텐츠 라벨	
DL-G	전체 이용가 콘텐츠('가족용 콘텐츠'도 선택 가능)
DL-PG	대부분의 사용자에게 적합한 콘텐츠(보호자의 지도 필요)
DL-T	청소년 이상의 사용자에게 적합한 콘텐츠
DL-MA	성인용 콘텐츠
등급 미 지정	분류 과정을 완료하지 않아 아직 등급이 지정되지 않은 콘텐츠

- 특정 콘텐츠 형식을 제외하여 해당 콘텐츠 유형에 광고가 게재되지 않도록 할 수 있다. 이 기능을 이용하면 내 니즈에 부합하지 않거나 내 고객이 방문하지 않는 유형의 콘텐츠를 제외할 수 있다.

콘텐츠 유형	
삽입된 YouTube 동영상	YouTube.com 외부의 웹사이트에 삽입된 동영상
실시간 스트리밍 동영상	인터넷을 통해 스트리밍 되는 실시간 이벤트 동영상

3) 구글 크리에이티브 솔루션

(1) 비디오 빌더(Video Builder)

- 광고주가 갖고 있는 이미지와 텍스트만으로 15초 유튜브 동영상을 손쉽게 제작할 수 있는 도구이다.

(2) 비디오 애드 시퀀싱(Video Ads Sequencing)

- 광고주가 원하는 광고 순서로 잠재고객에서 스토리텔링 광고를 진행할 수 있다. 제품과 서비스의 소비자 인지도&고려도 증대에 효과적이다.

(3) 디렉터 믹스(Director Mix)

- 타겟 고객별 맞춤형 메시지를 담아 많은 수량의 동영상을 빠르게 제작할 수 있는 솔루션이다.

CHAPTER 03   카카오톡 광고

1. 카카오톡 광고상품의 종류

카카오톡은 2010년부터 서비스를 시작하였고, 유저수가 약 5,000만 명으로 2018년 기준 대한민국에서의 점유율은 안드로이드 기준으로 약 94%의 이용자를 가진 대한민국 대표 모바일 메신저이다.

스마트폰 문화 확산의 상징이며, 단순 메신저에서 SNS기능, 콜택시, 지도, 네비, 대리운전, 간편결제, 은행서비스까지 확장되었다.

2014년에 다음커뮤니케이션과 합병한 이후 노출영역이 다양해지면서 많은 광고상품을 출시하였다.

1) 카카오 비즈보드 광고

- 채팅탭의 최상단의 고정된 배너로 광고 하는 방식. 사용자가 관심 있어 하는 카테고리 상품군의 배너가 일정시간 노출되는 방식이다.

카카오톡 채팅탭의 메가트래픽을 활용하여 최적의 광고 효율을 이끌어낼 수 있는 상품이며, 카카오톡 채팅 리스트 최상단에 고정된 배너로부터 효율적인 톡 내 랜딩 방식을 광고주가 선택할 수 있으며 광고주가 원하는 최종 액션으로 안내한다.

(1) 카카오톡 비즈보드의 장점

- 카카오톡 채팅목록 탭 최상단에 위치하여 노출수가 매우 높다.
- 애드뷰, 챗봇, 비즈니스폼 등 다양한 프리미엄 랜딩페이지와 연결이 가능하다.
- 카카오싱크, 비즈니스폼, 비즈플러스인 등 톡 비즈솔루션을 활용한 마케팅 액션이 가능하다.
- 빅데이터 기반의 다양한 최적화된 맞춤형 광고를 노출한다.

(2) 노출 지면

• 카카오톡, 다음, 카카오페이지 등 카카오 서비스 및 프리미엄 네트워크 서비스 지면에 노출된다.

[카카오톡]   [다음]   [카카오 서비스]

(3) 랜딩페이지 연결 종류

카카오비즈보드의 랜딩페이지는 다른 광고와 다르게 다양한 기능을 제공한다.

일반적으로 URL 또는 앱설치 등에 국한되지 않으며, 다양한 퍼포먼스가 발생되는 카카오의 기능까지 활용할 수 있는 랜딩페이지를 지원하는 게 특징이다.

A. URL : 광고주 사이트 등 외부 랜딩을 실행하거나, 선물하기 등 URI 형식의 랜딩이 허용된 카카오 서비스를 랜딩으로 설정할 경우 선택이 가능하다.

B. 애드뷰 : 카카오에서 제공하는 비즈솔루션인 애드뷰를 생성하여 비즈보드 랜딩으로 활용할 수 있다. 이미지/동영상 등을 활용하여 애드뷰를 생성 후 랜딩으로 선택할 경우 별도의 외부 사이트로 이동 없이 카카오톡 내에서 바로 홍보할 수 있다.

전체 화면으로 노출되는 풀뷰와 반팝업 형태로 노출되는 콤팩트뷰로 나눌 수가 있으며, 광고주나 대행사가 자체적으로 소재제작을 하지 않아도, 카카오에서 자체적으로 설정할 수 있는 제작기능이 있다는 특징을 가지고 있다.

- 풀뷰 : 채팅목록탭 아래에서 위로 노출되어 버튼을 통해 결제하거나 회원가입을 연결시킬 수 있다.

- 콤팩트뷰 : 네이티브 광고와 같이 이미지와 동영상을 중심으로 텍스트와 함께 만들 수 있으며, 원클릭 결제 및 회원가입으로 연결할 수 있다.

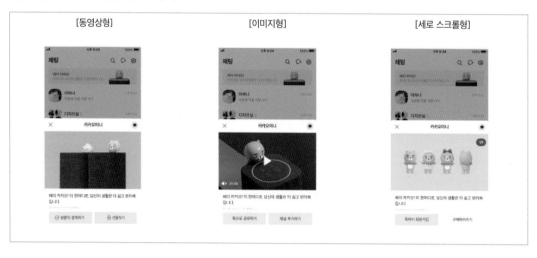

• 애드뷰 연결버튼

톡으로 공유하기	채널 추가하기	톡으로 문의하기
구매하기	선물하기	원클릭 결제하기
톡에서 회원가입	톡에서 설문하기	톡에서 응모하기
톡에서 참여하기	톡에서 예약하기	톡에서 시승신청
톡캘린더 저장하기	주문하기	자세히 보기
상품 구독하기		

• 광고주 페이지 연결버튼

자세히보기	신청하러가기	참여하러가기
가입하러가기	예약하러가기	앱다운로드
구매하러가기	예매하러가기	영상보러가기
게임하러가기	사전예약하기	

C. 채팅방

- 챗봇 : 챗봇이 개발이 완료된 브랜드에 한해서만 지원하는 특징이 있다.

- 채팅방 톡 채널 메시지 : 배너 클릭 시 내 채널에 톡 메시지로 연결시킨 후 메시지를 노출시키는 방법이며, 톡 채널 친구 추가까지 가져갈 수 있는 방법이다. 채널에 친구를 획득하고 싶을 때 많이 사용하는 방법이다.

- 톡 비즈니스 폼 : 응모나 설문 조사할 때 가장 유용하게 사용하는 방법이다. 유저들의 정보나 의견을 수집할 수 있는 기능이 있다.

D. 비즈플러그인

- 비즈플러그인은 카카오톡 내에서 사용자를 대상으로 비즈니스를 확장할 수 있도록 도와주는 무료 비즈니스 도구이다.

비즈플러그인을 통해 사용자들은 카카오톡 화면 내에서 자연스럽게 파트너의 서비스를 경험하고, 보다 간편하게 파트너의 서비스를 이용할 수 있다.

원클릭 결제 플러그인을 사용하여 상품을 다이렉트로 구입할 수 있다.

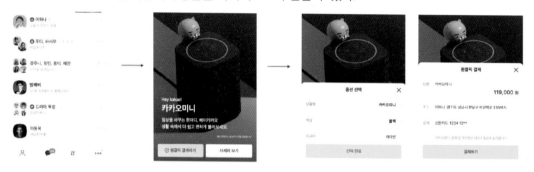

- 카카오 커머스 플랫폼 : 톡스토어, 선물하기, 메이커스에 입점한 상품이나 주문하기 입점 페이지, 카카오페이 구매 판매점 페이지, 카카오구독 ON페이지를 랜딩으로 설정하여 전환을 만들어 낼 수 있다.

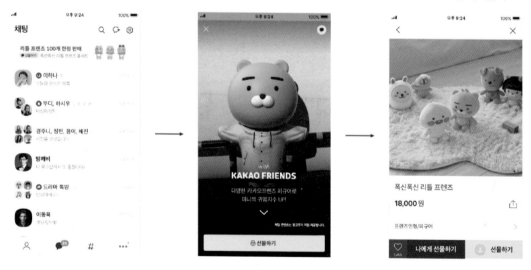

• 카카오톡 비즈보드 광고의 소재는 아래의 네 가지가 있으며, 각 목적과 브랜드에 따라서 달리 사용할 수 있다.

① 오브젝트형 : 배경이 제거된 오브젝트 이미지를 사용한다.

② 섬네일형 : 박스형, 블러형, 멀티 섬네일 이미지 등을 사용한다.

③ 마스킹형 : 반원형, 원기둥형 이미지와 로고 이미지를 사용한다.

④ 텍스트형 : 텍스트로만 된 소재로 강조하고 싶은 내용을 표현한다.

- 카카오톡 비즈보드 광고의 소재 세팅 시 주의사항이 있으며 아래의 사항에 적용될 경우 광고노출이 제한될 수 있다.

① 폰트 사이즈 및 자간을 변경한 경우

② 지정된 폰트 이외 다른 폰트 사용한 경우

③ 카피 문구가 최소 길이 이상 작성이 안 된 경우

④ 카피와 오브젝트가 겹친 경우

⑤ 메인카피와 서브카피의 중복문구가 작성된 경우

⑥ 지정된 특수기호외 특수기호 사용 및 이모티콘을 사용한 경우

⑦ 톡, 메일, 공지 등의 톡 사용성을 저해하는 후킹성 카피를 사용할 경우

2) 카카오 디스플레이 광고

① 카카오톡 디스플레이 광고의 장점 : 카카오 디스플레이 광고는 다양한 형태의 크리에이티브로 브랜드 가치를 창출 또는 강화할 수 있으며, 상품 브랜드에 맞는 오디언스를 타겟팅할 수 있다.

② 노출 지면

A. 카카오톡 친구탭, 채팅탭, 뷰탭, 더보기탭의 모바일 지면과 PC로그인 시 팝업, 채팅창 하단등 다양한 콘텐츠 영역에 노출

B. 다음 모바일 및 PC의 콘텐츠 영역에 노출

C. 카카오스토리 사용 시 소식 피드 사이에 네이티브 광고형태로 노출

D. 카카오페이지, 카카오헤어샵과 같은 카카오의 프리미엄 네트워크 서비스 영역에 노출

③ 카카오 디스플레이 광고 유형

A. 이미지 네이티브형 : 콘텐츠 페이지 또는 소셜미디어 피드 사이에 자연스럽게 노출

B. 이미지 카탈로그형 : 하나의 소재에 최대 10개의 상품정보를 노출

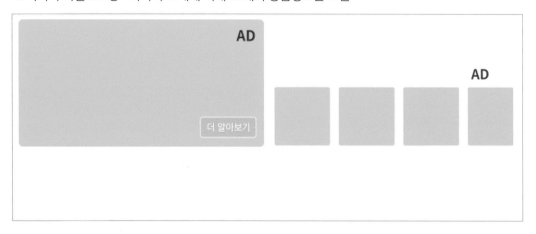

④ 카카오 디스플레이 광고의 목표 및 입찰방식

카카오 디스플레이 광고의 목표는 전환과 방문 두 가지를 설정할 수 있으며, 다른 광고와 같이 도달 및 조회를 지원하지 않으며, 입찰 방식은 CPC와 CPM 두 가지를 지원하고 있다.

⑤ 카카오 디스플레이 광고 세팅 프로세스

카오모먼트 플랫폼 가입 ▶ 광고 만들기 ▶ 캠페인/광고그룹 만들기 ▶ 소재 만들기 ▶ 심사 및 광고노출

3) 카카오 동영상 광고

(1) 카카오 동영상 광고의 특징

- 카카오 서비스에서 제공하는 다양한 서비스 지면에 인스트림 및 아웃스트림 광고를 노출한다.

- 카카오톡의 대량 노출기반으로 높은 타겟 커버러지를 확보한다.

- 다양한 서비스의 콘텐츠 영역 노출되어 브랜드 세이프티의 안정적 확보가 가능하다.

- 브랜드 타겟에 대한 최적의 오디언스에게 동영상 광고를 노출한다.

(2) 노출 유형

카카오 동영상광고의 노출유형은 인스트림과 아웃스트림 동영상광고 노출방식의 2가지를 지원한다.

인스트림 동영상광고는 시청하는 영상과 동일한 형태로 영상 시청 전과 중간에 몰입도 높은 동영상 소재를
노출할 수 있으며, 아웃스트림 동영상광고는 카카오의 뉴스, 웹툰 콘텐츠 등에 In-read 형태로 노출된다.

• 인스트림 광고노출 예시 : 카카오톡, 카카오톡 채팅방, 카카오TV 앱/웹, 다음 서비스 영역에 노출

• 아웃스트림 광고노출 예시 : 카카오톡 뷰탭, 다음 로그인 하단 및 모바일 뉴스 등 카카오페이지 영역에 노출

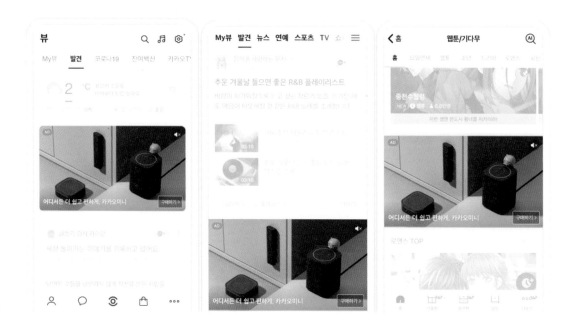

(3) 카카오 동영상광고의 목표와 입찰방식

카카오 동영상광고의 목표는 조회 한 가지만 지원하며 입찰 방식도 동영상 재생당 과금하는 CPV만 지원한다.

4) 카카오 스폰서드 보드

(1) 카카오 스폰서드 보드의 특징

- 자연스럽게 브랜드 메시지를 전달하고 채널의 구독자를 모을 수 있는 장점을 가지고 있다. 다양한 오디언스를 설정하여 적합한 이용자들에게만 보드를 소개하고 채널 친구 추가까지 유도하는 장점을 가지고 있다.
- 카카오톡 뷰에 노출 : 카카오톡에서 다양한 콘텐츠가 모이는 발견탭에 노출
- 카카오톡 채널 추가 버튼 : 스폰서드 보드 내 카카오톡 채널 추가 버튼을 통하여 자연스럽게 채널 추가를 유도
- 톡 기능을 활용한 마케팅 액션 연결 : 카카오톡의 톡 캘린더 기능을 활용하여 고객에게 일정을 안내
- 타겟 오디언스 설정 : 정교한 타겟팅으로 적합한 이용자만 타겟하여 광고를 노출

(2) 노출 유형

카카오 스폰서드 보드의 노출유형은 섬네일, 2칼럼, 빅섬네일, 텍스트 4가지 유형이 있다.

| 섬네일형 | 2컬럼형 | 빅섬네일형 | 텍스트형 |

(3) 카카오 스폰서드 보드의 목표와 입찰 방식

카카오 스폰서드 보드의 목표는 방문이 있으며, 과금방식은 CPM 한 가지만 지원한다.

(4) 카카오 스폰서드 보드 세팅 프로세스

카카오비즈니스 통합회원가입 ▶ 보드 만들기 ▶ 광고 만들기 ▶ 캠페인/광고그룹 만들기 ▶ 소재 만들기 ▶ 심사 및 광고노출

2. 카카오톡 광고 시작하기

카카오톡 광고를 등록하는 방법은 카카오톡 광고상품인 카카오비즈보드, 디스플레이광고, 동영상 광고, 스폰서드 보드 모두 동일한 플랫폼 내에서 거의 동일한 프로세스를 가지고 있으며, 그중에 가장 대표적인 비즈보드에 대한 프로세스를 알아본다.

1) 캠페인 만들기

Step.1 카카오비즈니스에 접속 후 계정생성 및 대시보드 캠페인 만들기를 클릭

Step.2 광고유형과 목표를 설정

광고 유형

- 💬 카카오 비즈보드

- ▦ 디스플레이

- Ⓒ 카카오톡 채널

- 🛍 다음쇼핑

- ▶ 동영상

- ☰ 스폰서드 보드

광고 목표

- ⇄ 전환

- ⌂ 방문

- ☝ 도달

- ▶ 조회

광고 유형과 목표를 선택하세요.
원하는 목표에 도달할 수 있는 맞춤 설정을
제공합니다.

카카오가 제공하는 광고 유형을 통하여 원하는 목표
를 달성하는데 적합한 캠페인, 광고그룹, 소재 설정을
제공합니다.

캠페인별로 하나의 유형과 목표를 선택할 수 있습니
다.
보다 자세한 설명은 카카오비즈니스 가이드에서 확인
할 수 있습니다.

Step.3 전환추적 및 예산 설정

카카오톡 광고에서 전환추적은 광고계정에 연동된 픽셀 또는 SDK를 통하여 설정할 수 있다.

광고의 일 예산은 최소 5만 원 이상부터 10원 단위로 설정할 수 있다.

캠페인

전환 추적 설정	픽셀 & SDK 선택 픽셀 & SDK 설정 시 전환 추적이 가능하여 광고효율을 지속적으로 높이는데 도움을 줍니다. 또한 보고서에서 전환 지표를 확인할 수 있습니다. 광고계정에 연동된 픽셀 & SDK 중에서 선택　✔ 미설정
예산 설정	일 예산 50,000원　+1만원　+10만원　☐ 미설정 5만원 캠페인 일 예산은 5만원 이상 10억원 이하 10원 단위로 설정할 수 있습니다.
캠페인 이름	SNS광고마케터자격증_카카오톡광고　　　　　32

2) 광고그룹 만들기

Step.1 오디언스 타겟 설정

카카오톡 광고에서 오디언스는 성별, 나이를 설정할 수 있다.

주류, 산부인과, 비뇨기과 등 일부 20세 성인 이상에게만 노출되어야 하는 콘텐츠가 있는 광고는 반드시 성인 타겟팅을 설정해야 한다.

Step.2 디바이스 및 게재지면 설정

카카오톡 광고에서 디바이스는 안드로이드와 IOS 2가지 중 택일할 수 있다.

게재지면은 카카오톡에 게재되며 채팅탭에서만 노출을 설정할 수 있다.

Step.3 집행전략 설정

광고의 입찰방식은 CPM(노출당 과금을 의미. 입력 금액은 노출 1,000회당 금액을 의미하며 광고가 노출될 때마다 과금) 방식으로 입찰을 진행하며, 실제 과금 시에는 VAT가 추가되어서 청구된다.

• 일 예산 설정 항목

- 광고그룹 기준의 1일 집행 가능 예산을 10,000원 이상 10억 원 이하의 1원 단위로 설정 가능

- 광고그룹의 일 예산은 캠페인의 일 예산을 초과할 수 없음

- 과금 비용이 일 예산을 초과하는 경우 자동으로 광고 집행이 중단됨

  단, 설정한 일예산이 초과되면 자동으로 광고가 중단되기까지 일정시간이 소요되며 일 예산을 초과한

  과금이 발생될 수 있음

- 일 예산이나 최대 입찰금액 등 캠페인 및 광고그룹의 예산설정을 변경한 경우 변경내역은 실시간으로

  반영되나 디바이스 환경에 따라서 최대 10분 이상 소요될 수 있음

광고 집행일자를 설정할 수 있으며, 요일과 시간은 1시간 단위의 상세시간까지 설정이 가능하다.

게재방식은 일 예산에 맞게 빠른 소진을 하는 빠른 게재 방식이 있고, 일 예산을 바탕으로 시간대별로 고려된

예산을 초과하지 않도록 예산을 분할하여 광고 노출을 제어하는 방식인 일반게재 방식이 있다.

• 집행기간 설정항목

- 광고그룹 집행기간을 설정할 수 있다.

- 시작일이 미래인 경우가 아닌 경우 시작일은 수정 불가능하며, 종료일만 수정 가능하다.

- 심야 시간대만 광고집행이 가능한 소재를 사용할 경우 반드시 심야 시간 타겟팅을 필수로 선택해야 하며

  광고그룹 생성 후에는 해제할 수 없다.

• 광고요약 탭 확인하기

광고그룹을 만들기 직전에 광고요약을 확인해야 한다.

해당 광고요약에는 캠페인 유형/목표, 캠페인 일 예산, 캠페인 기간, 광고그룹 모수, 오디언스 타겟팅, 게재지면, 디바이스가 표기되어 있다.

3) 소재 만들기

캠페인 유형 및 목표, 광고그룹 내 디바이스, 게재지면이 동일하면 기존의 소재를 불러올 수 있다.

CHAPTER 04

네이버 밴드 광고

- 네이버 밴드는 2012년 8월 출시가 되었으며, 현재 MAU 1,900만 이상, 국내 + 해외 포함하여 약 5,000만 명 이상 가입되어 있는 폐쇄형 SNS이다.

모바일과 PC에서 동시에 사용할 수 있으며, 40대와 50대 사이에서 선풍적인 인기를 끌고 성장을 하였다.

게시판 기능을 중심으로 사진과 채팅 및 일정 등을 편리하게 이용할 수 있으며, 동아리, 친목모임, 가족 및 회사 등 다양한 분야에서 큰 인기를 끌고 있다.

최초 완전한 폐쇄형 SNS에서 2015년부터 공개설정이 가능하게 되었으며, 공개된 밴드는 검색기능 및 자유로운 가입을 할 수 있도록 개방형 소셜서비스로 진화하고 있다.

국내 SNS 중 유일하게 유료로 광고차단서비스(ADFREE)를 제공하는 특징을 가지고 있다.

1. 네이버 밴드 광고상품의 종류

네이버 광고의 종류는 크게 세 가지 유형이 있다.

디스플레이 광고

밴드 이용자 대상으로 브랜드 마케팅이 가능한 밴드 DA 광고를 경험해보세요 풀스크린 광고, 스마트채널

소셜광고

밴드로 고객을 모아 소통하고 싶으신가요? 밴드 알림상품, 새소식광고를 이용해보세요. 새소식, 밴드홈광고, 알림광고

네이티브 광고

밴드 피드 내 자연스러운 노출로 거부감 없이 사용자의 관심을 유도하는 밴드 피드 광고 상품을 소개합니다.

1) 디스플레이 광고

(1) 풀스크린 광고

- 풀스크린 광고는 밴드 앱 종료 시 전면에 노출되는 안드로이드 전용 광고로 1일 1광고주 단독 노출되는 광고상품이다.

- 평일 1,000만, 공휴일 830만 이상 노출이 되며, 네이버 NOSP를 통해서 선착순 구매 부킹을 하는 특징을 가지고 있다.
- 부킹을 통한 구매를 진행하는 광고상품으로 광고 집행 전 20일부터 취소 시 위약금이 10% 이상이 발생된다.
- 브랜드 인지효과 및 유입을 극대화할 수 있는 상품이며, 하루에 유저수와 관계없이 기본 3회 노출이 되고, 유저 중 18시 이전에 3회가 다 소진될 경우 18시~21시에 추가 1회, 21시~24시에 추가 1회를 노출하여 최대 5회까지 노출된다.
- 광고의 형태는 전면에 이미지 또는 동영상 노출이 가능하며, 클릭 시에는 웹페이지 또는 앱 다운로드 페이지로 연결된다.

(2) 스마트 채널 광고

- 밴드앱 홈, 새소식, 채팅 최상단에 노출되는 광고상품이다.
- Real Time Bidding 상품이며 최소 입찰가는 CPM 2,000원 / CPC 10원(VAT별도) 가격으로 판매된다.
- 타겟팅 옵션은 성별, 연령, 요일 및 시간, 지역, 디바이스, 관심사, 맞춤 타겟을 설정할 수 있고, 네이버 성과형 디스플레이 광고 플랫폼으로 구매한다.

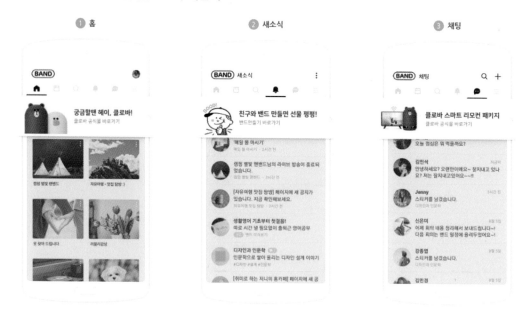

2) 소셜 광고

(1) 새소식, 밴드홈 광고

- 본인의 밴드 페이지를 사용자들에게 알릴 수 있는 기간제 노출형 상품이며, 최저 30만 원부터 광고집행이 가능하다.
- 밴드 내에 새소식 탭과 밴드 홈탭 상단에 자연스럽게 노출되는 광고로써 밴드찾기, 초대하기로는 달성하기 어려운 대량의 밴드의 사용자들을 모객하는 데 유리한 광고상품이다.
- 해당 광고상품은 밴드의 리더 및 운영자가 직접 광고를 등록할 수 있다.
- 소재는 이미지 + 제목 + 내용이 들어가는 일반형과 이미지 + 제목 + 내용 + 액션이미지가 추가될 수 있는 모두 노출형 두 가지가 있다.
- 광고비는 기간제 노출입찰형 상품에 따라서 입찰에 참여하여 낙찰된 CPM과 노출수에 따라서 결정된다.

(2) 알림 광고

- 운영 중인 밴드와 페이지의 멤버/구독자에게 특정 게시글을 선택하여 알림을 보낼 수 있는 광고상품이다. 밴드 페이지를 홍보하는 새소식 또는 밴드홈 광고와는 달리 특정 게시글을 알리는 특성이 있어서 더욱 자연스럽게 이용자에게 노출되는 광고이다.
높은 도달률을 가지고 있으며, 내 밴드 구독자의 재방문 및 활성화를 촉진하고 성별/연령을 타겟팅하여 알림 발송이 가능하다.

밴드 새소식 알림

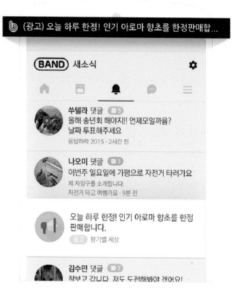

앱 푸시 알림

알림은 발송당 과금하는 충전금 발송 방식과 정액 상품으로 이용하는 발송권 사용방식 두 가지가 있다.

• 충전금 발송 방식

  - 발송 수 X 건당 비용만큼 충전금에서 바로 차감하여 발송

  - 건당비용 : 일반 5원/건당, 타겟 5원/건당(VAT포함)

• 발송권 사용방식

  - 발송권을 4회, 10회, 20회 단위로 묶어서 저렴하게 판매하는 알림 정액상품을 구매하여 발송

  - 타겟팅 사용 여부와 관계없이 1회 발송당 발송권 1개 차감

  - 단, 유효기간 내에 사용하지 않으면 환불이 불가능

  - 알림 정액 상품가격(VAT포함)

(단위 : 원)

멤버/구독자 수	알림 4회권	알림 10회권	알림 20회권
10,000명 이하	30,000	60,000	100,000
10,001~30,000명	70,000	140,000	245,000
30,001~50,000명	180,000	360,000	630,000
50,001~100,000명	360,000	720,000	1,260,000
100,001~150,000명	520,000	1,040,000	1,820,000
+50,000명당	+160,000	+320,000	+560,000

3) 네이티브 광고

(1) 피드 광고

- 밴드 내 새글 탭영역에서 텍스트와 콘텐츠가 결합한 형태로 노출되는 것이 피드광고이다.
- 밴드 내에서 자연스러운 노출이 이루어지는 네이티브 광고이며 시간, 인구통계, 지역, 디바이스, 앱 설치자, 관심사 등의 다양한 타겟팅이 가능하다.
- 최소 입찰가는 CPM 100원 / CPC 10원 / CPV 10원(VAT별도)으로 비교적 낮은 단가로 판매된다.
- 소재는 단일 이미지, 슬라이드, 동영상으로 노출이 가능하다.
- 밴드 피드광고는 네이버 성과형 디스플레이 플랫폼을 통하여 집행한다.

- 캠페인의 목적 설정
  - 웹사이트 트래픽 : 모바일 웹사이트로 방문을 목적으로 하며, CPM과 CPC 과금방식로 운영이 가능하다. 단일 이미지, 이미지 슬라이드, 단일 동영상 소재가 사용 가능하다.
  - 앱 설치 : 앱 설치 또는 실행을 목적으로 하며 CPM과 CPC 과금방식으로 운영이 가능하다. 단일 이미지, 이미지 슬라이드 사용이 가능하다.
  - 동영상 조회 : 동영상 조회수를 확보하기 위함이며 CPV 과금방식으로만 운영한다.
- 타겟팅 옵션 설정
  - 인구통계
  - 시간 및 요일
  - 지역(군/구 기준으로 설정되며, 서울 및 경기도는 시/구 단위로 설정 가능)
  - OS
  - 관심사 및 구매의도
  - 맞춤 타겟 : 광고주 브랜드를 알고 있거나 접한 적이 있는 대상에게 집행이 가능하며 고객파일, MAT, 유사 타겟 등을 추가하여 설정한다.

2. 소셜광고 등록하기

네이버 밴드의 소셜광고는 밴드 비즈센터에서 설정한다. (https://bizcenter.band.us/main/home)

1) 새소식, 밴드홈 광고 등록하기

• 네이버 밴드의 새소식, 밴드홈 광고를 등록하는 프로세스는 다음과 같다.

Step. 1	Step. 2	Step. 3	Step. 4	Step. 5
준비 단계	입찰하기	광고 등록	광고 검수	광고 노출

Step.1 준비 단계

- 밴드 계정 만들기 : 네이버 밴드의 소셜광고는 밴드 계정이 있어야 한다.
- 빅밴드 만들기 : 비즈센터는 밴드 리더 및 운영자만 사용할 수 있고, 광고는 폐쇄형 밴드가 아닌 공개 및
  밴드명 공개 타입으로만 집행이 가능하다.
- 파트너 정보 입력 : 광고등록에 필요한 파트너 정보를 입력한다.

Step.2 입찰하기

• 입찰을 위해서는 비즈센터 충전금이 있어야 한다.
• 입찰 참여는 월요일 오전 0시부터 14시까지 가능하며 17시에 낙찰여부를 확인할 수 있다.

광고의 기본 노출기간은 월요일 0시부터 일요일 24시까지 일주일 단위로 설정되며 날짜 및 시간을 임의로 선택할 수 없다.

입찰 이후부터 광고 종료일시까지 광고밴드 및 광고밴드의 게시글, 광고밴드의 리더가 사용자 신고에 의해 징계를 받게 되는 경우 광고노출이 취소될 수 있다.

입찰내역   **광고 관리**

밴드 소셜 광고는 입찰을 통해서만 구입하실 수 있으며, 낙찰시 광고 등록 및 검수가 가능합니다.

·입찰 일시 : 매주 월요일 00시 - 14시
·결과 발표 : 입찰일 17시까지 입찰 내역 페이지에서 확인 가능
           (파트너 정보에 등록된 이메일과 휴대폰번호로 안내)

새 입찰 하기

입찰내역

2015.1.12 📅	2015.1.18 📅	**최근7일**	이번달	지난달	조회하기

번호	광고타입	광고제목	일시	입찰가	노출수/ 예상가입자 수	광고비	결과

- 입찰하기에서 광고타입을 설정할 수 있다.
- 한주에 타입별로 1개씩 등록할 수 있으며 모든 타입이 낙찰시 최대 3개까지 등록이 가능하다.

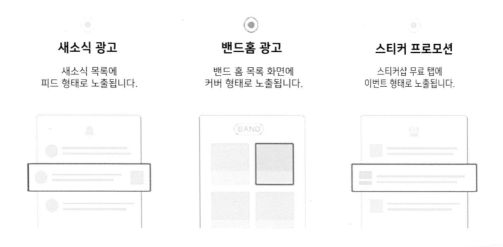

새소식 광고
새소식 목록에
피드 형태로 노출됩니다.

밴드홈 광고
밴드 홈 목록 화면에
커버 형태로 노출됩니다.

스티커 프로모션
스티커샵 무료 탭에
이벤트 형태로 노출됩니다.

- 제목/설명은 내부 관리용으로 밴드 이용자에게 노출되지 않는 특성을 가지고 있으며, 내부 관리하면서 검수 시 참고목적을 가지고 작성한다.

광고 제목과 설명을 입력해 주세요.

광고 제목을 입력하세요.

광고에 대한 설명을 입력해 주세요.

목록　　　　　　　　　　　　　　　　　　　　다음

- CPM과 노출수를 입력하여 입찰에 참여하며 입력한 CPM과 노출수에 따라서 광고비가 계산된다.
- 본인의 낙찰 순위 및 타 입찰 참여자의 순위 및 낙찰/유찰은 공개하지 않는다.

입찰 정보를 입력해 주세요.
CPM과 노출수를 입력해 주세요.
최종 결제 광고비(VAT 포함)보다 가용 충전금이 낮을 경우 입찰이 되지 않습니다.

CPM ⑦	570원	**현재 입찰 내역**
		2017.10.30 09:51:45
노출수	7,000,000 ∨	
광고비(VAT 제외) ⑦	**3,990,000원**	
최종 결제 광고비(VAT 제외)	**4,389,000원**	
		CPM　　　　570원
가용 충전금 ⑦	6,000,000원	노출수　7,000,000원
		광고비　3,990,000원
예상잔액 ⑦ 충전하기	1,611,000원	

Step.3 광고 등록

- 광고 낙찰이 확정되면 소재등록이 가능하며, 소재는 광고당 최대 3개까지 가능하다.
- 각 소재별 목적설정이 가능하며, ON/OFF 설정을 자유롭게 설정하여 운영할 수 있지만, 반드시 1개 이상의 소재는 ON이 되어야 한다.

소재등록내역

새 소재만들기

소재번호	이미지	텍스트	광고목적	검수상태	노출상태	
3		새소식DA] 라인데코 6	특정글	승인	OFF	노출중지 성과확인
2		Lucky Baby를 구매하시면 상당...	밴드	반려 소재등록 >		
1		[새소식DA] 라인데코 5	특정글	승인	ON	노출중 성과확인

광고 목적을 입력해주세요.

내 밴드 알리기
광고를 통해 밴드 사용자들에게
내 밴드 방문을 유도할 수 있습니다.

내 밴드의 특정 글 알리기
밴드 타입이 밴드명 공개인 경우
특정 글로 이동이 불가합니다.

광고 소재를 입력해 주세요.

화면 미리보기

밴드 미리보기

검수 요청 메시지
비밀수 정보입니다. 검수 담당자에게 곤란한 메시지가 있을 경우 작성해 주세요.

Step.4 광고 검수

- 낙찰된 광고노출을 포기하거나 구매 취소한 경우 유찰된 광고주 중 차순위 광고주가 추가 낙찰을 받게 된다.
- 광고검수 마감은 금요일 오후 5시까지를 기준으로 하며, 금요일이 공휴일인 경우 해당주의 마지막 영업일 오후 5시에 검수가 마감됨으로 해당 시간 내에 등록이 마무리되어야 한다.
  만약 구매자의 과실로 검수 마감 일시 이후 승인이 될 경우 구매한 노출수를 보장하지 않으며 매체사에서 지정된 기간까지 심사를 승인받지 못한 광고는 취소되며 30%의 위약금이 발생된다.
- 노출 중인 광고는 언제든지 수정이 가능하므로 빠른 광고등록심사를 하는 것이 좋다.

Step.5 광고 노출

- 광고의 시작은 월요일 0시부터 일요일 24시까지 노출된다.
- 매체 트래픽의 영향으로 일요일 이전 조기 종료될 수도 있으며 종료일까지 낙찰된 노출수 미달성 시에는 차주까지 노출되지만, 부족한 부분이 환불되지는 않는다.
- 비즈센터 > 통계보기 > 광고성과 메뉴에서 소재별 전체 광고성과를 확인할 수 있다.
- 여러 개의 소재를 노출할 경우 동일한 비중으로 균등 노출방식을 취한다.
- 광고 구매 후 취소 시에는 취소 시점에 따라서 위약금이 발생되니 유의해야 한다.
  - 집행 전 취소 시, 전체 결제 광고비의 10%
  - 집행 후 취소 시, 미집행 최종 결제 광고비의 30%

날짜	노출수	클릭수	클릭률	노출 회원수	가입자	전환율
2015.6.3	948,401	15,617	1.65%	562,454	7,600	46.2%
2015.6.4	1,051,186	16,689	1.59%	620,523	6,942	54.2%
2015.6.5	1,253,296	19,603	1.56%	720,669	5,429	45%
2015.6.6	1,051,186	15,617	1.59%	620,523	6,942	54.9%
2015.6.7	1,253,256	16,689	1.56%	720,669	5,429	45%

2) 알림 광고 등록하기

- 네이버 밴드의 알림 광고를 등록하는 프로세스는 다음과 같다.

  Step. 1. 준비단계 : 파트너 정보 입력 ▶ 충전금 충전

  Step. 2 알림 보내기 : 새 알림 보내기 ▶ 제목/글 선택, ▶ 메시지 작성 ▶ 발송 설정, ▶ 결제

Step. 1 준비단계

- 파트너 정보를 입력 후 익일부터 발송이 가능하다.
- 충전금을 충전한다.

Step. 2 알림 보내기

- 비즈센터 > 알림보내기에서 새 알림보내기 버튼을 통한 알림을 작성한다.
- 발송권을 사용하여 알림을 발송하려면 정액상품으로 발송을 해야 한다.

알림 보내기

알림 보내기를 통해 나의 밴드 멤버/페이지 구독자에게
중요한 알림이나 이벤트를 전달해 보세요!

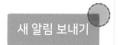
새 알림 보내기

| 홈 | 알림별 내역 | 글별 내역 | 구매 내역 |

밴드 멤버수 / 페이지 구독자 수

18명

알림 수신 가능 멤버 / 구독자 수

14명 ⑦

잔여 발송권

10/10

유효기간 만료
D-7

예약 발송 대기

0건

예약내역

알림 정액상품

알림 정액상품을 구매하시면 건당 발송 시 보다 저렴한 비용으로 알림을 보낼 수 있습니다.

단위 : 원/VAT포함

알림 4회권

30,000원

구매하기

알림 10회권

60,000원

구매하기

알림 20회권

100,000원

구매하기

- 제목을 별도로 입력하고, 알림을 보내고 싶은 게시글을 선택한다.
- 알림 광고를 통해 구독자에게 보낼 알림 메시지를 작성한다.

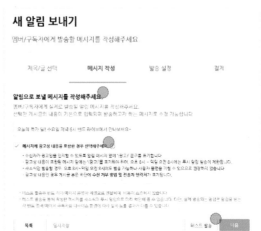

- 발송설정에는 발송범위, 형태, 예약발송을 설정할 수 있다.
- 발송권과 충전금 중에 결제방법을 선택할 수 있다.

CHAPTER 05 기타 SNS매체

1. 아프리카TV 광고

- 아프리카TV는 국내 최초 라이브 스트리밍 플랫폼이며, 라이브 방송, 공식 스포츠 중계, 자체 제작 콘텐츠 스트리밍 등 다양한 동영상 서비스를 제공하는 국내 SNS플랫폼이다.

월 MAU는 800만~1,000만이 나오는 국내 대표의 메가트래픽이 가능한 미디어이며, 국내 대표적인 동영상 스트리밍 플랫폼이기도 하다.

이용자는 남성이 매우 높으며, 특히 20대와 30대의 견고한 팬덤을 보유한 매체이기도 하다.

아프리카TV는 다른 매체와 비슷한 광고특성을 가지고 있지만, 자체적으로 다양하게 개발한 특성화된 광고 상품을 제공하는 특징을 가지고 있다.

광고운영은 아프리카TV의 자체 플랫폼인 AAM을 통하여 운영되며, 잠재고객, 맞춤타넷, 리타겟팅 등 다양한 타겟팅 기법을 제공한다.

1) 아프리카TV 광고 특성

1) 아프리카TV의 광고프로세스는 다른 매체들과 동일한 계정 > 캠페인 > 광고그룹 > 광고로 구성되어 있다.

2) 아프리카TV 광고의 타겟팅 옵션

A. 오디언스 타겟팅

- 성별 타겟팅, 연령 타겟팅, 디바이스 타겟팅, 카테고리 타겟팅, BJ 타겟팅

B. 시간 타겟팅

- 요일 타겟팅, 시간대 타겟팅

C. 맞춤 타겟팅

- ADID, 광고 조회, 관심사, 로그인 아이디, 업종 리타겟팅

2) 아프리카TV 광고상품의 종류

1) 아프리카TV 광고상품의 구매방식과 캠페인 목적별 종류

구매 방식	캠페인 목적	광고상품 명	노출 영역	특성
입찰	비디오 조회	인스트림		LIVE, VOD 인스트림
		인스트림커플배너		모바일 LIVE,VOD 인스트림+커플배너
		CATCH 인피드		아프리카TV 모바일 CATCH 서비스에 인피드 형태로 노출되는 아웃스트리밍 영상형 광고
		인스트림 풀배너		모바일 LIVE 인스트림+풀배너+커플배너
	트래픽	모바일 메인 브랜딩		주목도 있는 App 메인 노출
		방송국 배너		BJ타겟팅이 가능한 'BJ 방송국 배너 '
		PC 서브 카테고리 배너		PC 서브 카테고리 방송리스트 지면에 노출되는 배너
		VOD상영관 리스트배너		모바일 상영관 내 리스트 형태로 노출되는 아웃스트림 배너
		모바일 종료배너 이미지형		안드로이드 아프리카TV 앱 종료시 노출되는 배너
		모바일 검색창배너		아프리카TV 모바일 앱 검색창배너
		PC 채팅창 팝업배너		PC LIVE 인스트림 노출 시 채팅창 영역에 노출되는 팝업 배너
		PC 플레이어 상단배너		PC WEB LIVE/VOD 상단에 고정 노출되는 배너
		채팅창 타임배너		LIVE 컨텐츠와 함께 채팅창 영역에 매 시간 0분~10분 사이에 25초간 노출되는 이미지 배너
		PC 방송국 메인 우측 배너		PC 방송국 메인 우측 배너
		모바일 방송국 메인 하단 배너		모바일 방송국 메인 하단 배너
구좌	트래픽	PC 메인 브랜딩		아프리카TV PC 메인 독점노출
		로딩대기화면 배너		로딩 대기화면 배너 (로딩 발생시 노출되는 배너 상품)
		모바일 인트로배너		모바일 APP 진입 시 첫 화면 배너

A. 아프리카TV의 주요 광고상품

- 인스트림 : LIVE/VOD 진입부터 종료까지 15초 SKIP 노출되어, 재생 완료율과 반응률이 높은 영상 광고 상품이다.

PC와 Mobile 영역의 노출을 지원하며 CPM 2,500부터 입찰로 판매한다.

콘텐츠 프리롤, 미드롤, 포스트롤 통합 지면으로 게재위치를 자동 선택하여 노출한다.

< PC >　　　　　< Mobile >

- 모바일 인스트림 커플배너 : 인스트림에서 확장된 개념이며, 클릭을 유도하기 위하여 하단 띠배너가 함께 노출되는 상품이다.

Mobile 영역의 노출만 지원하며 인스트림과 같이 CPM 2,500원부터 입찰로 판매한다.

띠배너 콘텐츠 진입 이후에도 유지되어 상시 노출되는 특성을 갖는다.

<모바일 인스트림 커플 배너>　　　　　<리스트 배너>

- 모바일 인스트림 풀배너 : 인스트림에서 확장된 개념이며, 커플배너와 같이 클릭을 유도하기 위하여 하단에 배너가 함께 노출되는 상품이다.

커플배너와 같이 Mobile 영역의 노출만 지원하며 CPM 2,500원부터 입찰로 판매한다.

인스트림의 확장형 광고 중에서 가장 클릭률이 높은 특성을 가지고 있다.

배너 콘텐츠 진입 이후에도 유지되어 상시 노출되며 Live 콘텐츠에만 노출되는 특성을 가지고 있다.

<모바일 인스트림 풀배너 - 확장시>　　　<모바일 인스트림 풀배너 - 축소시>

- 모바일 커넥트 배너 : 모바일 라이브 방송 진입 시, 영상 하단에 노출되는 배너 상품이며 특정 BJ를 타겟팅하여 방송에 광고를 노출가능하다.

Mobile 영역의 노출만 지원하며 CPM 500원부터 입찰로 판매한다.

해당 광고는 방송 종료 시까지 장기간 광고가 노출되어 특정 브랜드에 대한 인지도를 높일 수 있다.

<모바일 커넥트 배너>

- 모바일 인트로배너 : 아프리카YV 모바일 앱 진입 시 첫 화면에 노출되는 상품이다.

모바일 앱 사용 유저에게 전달되는 도달력이 높은 상품이며, 이미지형, 동영상형, 시네마형 3가지 소재로 구성된다.

1일 1,000만원으로 선착순 구좌를 구매하는 방식이며 모든 앱을 이용하는 이용자들에게 강제 노출이 된다.

<인트로배너 - 이미지형> <인트로배너 - 동영상형> <인트로배너-시네마형>

B. 구매 방식 : 입찰, 구좌, 패키지 3가지 방식이 있으며, 입찰과 구좌를 통한 구매는 캠페인 목적에 따라서 비디오 조회와 트래픽을 선택 할 수 있다. 다만, 패키지 구매 방식은 비디오 조회만 가능하며, 여러 개의 광고 상품을 하나의 구좌 단위로 구매하는 방식을 말한다.

C. 캠페인 목적 : 비디오 조회, 트래픽 2가지 방식이 있다.

※ AMM 플랫폼에서의 캠페인과 광고그룹 화면 예시

2. 트위터 광고

1) 트위터 광고상품의 종류

트위터는 글로벌 대표 SNS이며, 2006년도부터 서비스가 시작되었다.

텍스트 중심의 빠른 정보 전달이 특성이며, 140자의 매우 짧은 포스팅만 가능하다.

2010년부터 글로벌 감소세가 있지만, 여전히 세계에서 가장 영향력이 있는 SNS 중 하나이며 국내에는 2011년부터 시작해서 현재는 약 700만 명 정도가 이용하고 있다.

트위터는 매우 다양한 광고상품이 있고, 대표적인 광고상품에 대하여 알아보기로 한다.

(1) 테이크 오버 광고

① 타임라인 테이크오버 : 24시간 동안 홈타임라인의 첫 광고 지면을 독점하는 동영상 광고이다.

② 트렌드 테이크오버 : 24시간 동안 실시간 트렌드 리스트의 상단을 독점하는 해시태그 광고이다.

③ 트렌드 테이크오버+ : '트렌드 테이크오버'의 업그레이드 형태로 트렌드탭 상단에 이미지/동영상/GIF와 함께 노출시켜 주목도가 높은 광고이다.

(2) 프로모션 광고

① 동영상 광고

- 동영상 소재를 사용하는 모든 광고이다.

- 조회당 과금(CPV), 클릭당 과금(CPC), 노출당 과금(CPM), 앱클릭당 과금(CPAC), 설치 비딩(OAB), 참여당 과금(CPE) 등의 방식으로 과금된다.

- 캠페인 목표는 도달, 참여, 클릭, 동영상조회, 앱설치, 앱 재참여 등이 있다.

② 이미지 광고

- 이미지 소재를 사용하는 모든 광고

- 클릭당과금(CPC), 노출당 과금(CPM), 앱클릭당 과금(CPAC), 설치 비딩(OAB), 참여당 과금(CPE) 등의 방식으로 과금된다.

- 캠페인 목표는 도달, 참여, 클릭, 앱설치, 앱 재참여로 구분된다.

③ 캐러셀 광고

- 하나의 트윗에서 2~6개의 미디어를 좌우로 스와이핑하는 형식으로 보다 풍부한 스토리텔링이 가능
- 조회당 과금(CPV), 클릭당 과금(CPC), 노출당 과금(CPM), 앱클릭당 과금(CPAC), 설치 비딩(OAB), 참여당 과금(CPE) 등의 방식으로 과금된다.
- 캠페인 목표는 도달, 참여, 클릭, 동영상조회, 앱설치, 앱 재참여 등이 있다.

④ 텍스트 광고

- 간단한 텍스트 광고로 브랜드의 메시지를 전달하며 트위터에서 가장 네이티브 광고에 가까운 방법이다.
- 노출당과금(CPM), 참여당 과금(CPE) 방식으로 과금된다.
- 캠페인 목표는 도달과 참여가 있다.

(3) 프리롤 광고

- Amplify 프리롤 : 200+ 프리미엄 파트너의 콘텐츠 앞에 프리롤 광고로 브랜드 친밀도와 인지도가 높다.
- Amplify 스폰서십 : 핫한 동영상 콘텐츠와 브랜드를 연상, 1:1로 선택하는 스폰서십 형태의 프리롤 광고이다.
- 조회당 과금(CPV)으로만 가능하며, 캠페인 목표도 조회수만 적용된다.

(4) 팔로워 광고

- 타겟 오디언스에 나와 계정 프로필을 광고하여 팔로워를 늘리고 브랜드 인지도를 향상한다.
- 팔로워당 과금(CPF) 방식으로만 과금되며 캠페인 목표도 팔로워 1개만 가능하다.

(5) 트위터 라이브

- 생방송 : 라이브 방송을 통해 트렌드를 이끌고 유저들과 인게이지 가능
- 이벤트 페이지 : 일반 라이브 방송을 트위터민의 '이벤트 페이지'를 활용하여 업그레이드하고 라이브효과를 극대화할 수 있다.

3. 링크드인 광고

1) 링크드인 광고상품의 종류

링크드인은 마이크로소프트사에서 운영하는 세계 최대의 비즈니스 전문 SNS이며 현재 약 7억 명 정도의 회원을 보유하고 있는 글로벌 서비스이다.

2011년부터 한국에서도 서비스를 하고 있으며 일부 이용자들에 의해서 활용되고 있다.

기존 SNS들이 사적이고 친목중심의 서비스라면 링크드인에서는 본인의 경력, 특허, 학교, 논문 등 다양한 스펙을 표기할 수 있다.

링크드인의 회원이 작성한 정보는 이력서 기능도 하기 때문에 다양한 구인/구직에도 활용되고 있다.

(1) 스폰서 광고

① 단일 이미지 광고 : 링크드인 피드에 이미지 포스트를 노출하는 방식이다.

② 비디오 광고 : 피드 내 영상 광고를 집행하는 방식이다.

③ 슬라이드 광고 : 피드 내에 여러 가지 이미지를 슬라이드로 표현한다.

④ 설문조사 광고 : 유저의 설문조사 참여를 통하여 다양한 정보를 취합할 수 있다.

(2) 메세지 광고

① Inmail 메시지 광고 및 대화광고 : 메일 및 대화로 광고를 전송한다.

(3) 다이나믹 광고

① 팔로워/스포트라이트 광고(PC) : 이용자 프로필 데이터를 기반으로 팔로워 증가 및 클릭을 유도할 수 있다.

4. 틱톡 광고

1) 틱톡 광고상품의 종류

15초에서 5분 사이의 짧은 영상을 제작 및 공유할 수 있는 중국에서 만든 글로벌 SNS이다.

한국에는 2017년부터 사용하고 있고, 10대 청소년을 중심으로 인기가 높고, 성인 연령층일수록 이용자가 급감하는 특징을 가지고 있으며 틱톡에서는 약 580만 명의 한국인이 사용하는 것으로 발표한다.

20대 이상은 유명 연예인들이 특정한 셀럽을 겨냥해서 계정을 만든 목적을 제외하면 사용자층이 제한적이다.

페이스북과 인스타그램과는 달리 추천 피드를 베이스로 활용하는 특징이 있어서 팔로우하는 영상보다는 개인의 관심사에 맞는 최적화된 영상이 주로 보여진다.

추천 피드를 중심으로 하기 때문에 영상 콘텐츠가 좋다면 바이럴 영향력이 매우 높게 나올 수 있는 특징을 가지고 있다.

(1) Top View(탑뷰)

- 앱을 열었을 때, 가장 먼저 보이는 예약형 전면 영상광고이며 어떤 방해물도 없다.
- 최대 60초까지 지원되며 영상을 지원한다.
- 하루 최대 5회 노출하며, 하루 또는 반일을 독점하는 CPT 방식을 갖는다.
- 좋아요, 댓글, 공유, 팔로우 같은 유저들의 참여도 지원한다.
- 내/외부 링크와 페이지 전환을 지원한다.

(2) Brand Takeover(브랜드 테이크 오버)

- 앱을 열었을 때, 가장 먼저 보이는 예약형 전면광고이며 최대 5초까지만 지원하며 짧은 버전의 탑뷰라고 한다.
- 탑뷰와는 달리 영상을 지원하지 않는 대신, 영상 외 JPG 이미지로 노출시킬 수 있다.
- 클릭률이 높아서 가격 대비 트래픽을 극대화하는 데 유용하다.
- 하루 최대 5회 노출하며, 하루 또는 반일을 독점하는 CPT 방식을 갖는다.
- 내/외부 링크를 지원한다.

(3) 인피드 광고

- 추천 피드에 노출되는 비디오 광고 형식으로 이용자들이 비즈니스 계정에 참여하도록 유도한다.
- 유저들은 비즈니스 계정에 좋아요, 댓글, 공유, 팔로워를 통해서 참여할 수 있으며 브랜드 음원을 통해 영상 제작도 가능하다.
- 광고 종료 후 계정 내 광고 영상 유지가 가능하다.
- 내/외부 링크를 지원하며 앱다운로드도 지원한다.

(4) 브랜디드 해시태그 챌린지

- 틱톡 이용자가 브랜드 테마로 콘텐츠를 생성하도록 초대하여 해당 광고주의 브랜드를 최대한 많이 노출하고 이슈화할 수 있는 상품이다.
- 많은 유저들에게 바이럴성으로 도달되며, 좋아요, 댓글, 공유 등 상호작용이 가능하다.
- 규모 있는 UGC를 만들어 내며, 브랜드를 팔로우하는 데 도움이 된다.

정보통신기술자격(KAIT·CP) 검정시험
(The Official Approval Test for KAIT Certified Professional)

◉ 시험종목 : SNS광고마케터 1급(샘플문제)

◉ 시험일자 : 2022. 00. 00.(토) 14:00 ~ 15:40(100분)

◉ 응시자 기재사항 및 감독위원 확인

수 검 번 호	SNS - 2200 -	감독위원 확인
성 명		(비대면온라인)

Korea Association for ICT promotion
한국정보통신진흥협회 KAIT

제2200회 SNS광고마케터 1급 샘플문제 모범답안

1	2	3	4	5	6	7	8	9	10
1	4	3	4	3	4	4	1	1	3
11	12	13	14	15	16	17	18	19	20
4	3	1	1	4	2	1	3	2	4
21	22	23	24	25	26	27	28	29	30
1	3	4	1	1	4	3	4	4	2
31	32	33	34	35	36	37	38	39	40
3	1	2	4	4	2	1	4	2	3
41	42	43	44	45	46	47	48	49	50
3	2	4	4	3	4	1	3	1	2
51	52	53	54	55	56	57	58	59	60
3	1	2	1	4	3	2	2	1	3
61	62	63	64	65	66	67	68	69	70
3	1	3	2	3	4	1	4	4	4
71	72	73	74	75	76	77	78	79	80
4	4	4	1	2	2	4	4	4	3

1과목 (1-8)

1. 다음 중 소셜미디어와 매스미디어에 대한
   설명으로 틀린 것은?
   ① 매스미디어가 소셜미디어보다 사용자에게 도달
     범위가 작다.
   ② 매스미디어는 일방향적 소통이지만 소셜미디어는
     양방향 소통이 가능하다.
   ③ 소셜미디어는 블로깅과 퍼블리싱 네트워크도
     포함한다.
   ④ 소셜미디어는 기술이 발전할수록 다양한
     플랫폼이 생성되고 있다.

2. 다음 중 소셜미디어가 매스미디어에 비해
   우위를 점하고 있는 요소가 아닌 것은?
   ① 사회적 관계
   ② 정보의 공유
   ③ 인맥형성
   ④ 대량의 메시지 전달

3. 다음 소셜미디어 중 짧은 포맷의 영상 콘텐츠를
   업로드하는 플랫폼 중 하나로 중국기업이
   만든 것은?
   ① 인스타그램
   ② 유튜브
   ③ 틱톡
   ④ 페이스북

4. 다음 중 Marketing에 포함되지 않는 것은?
   ① SMM (Social Media Management) 마케팅
   ② Paid Ads (광고) 마케팅
   ③ Content Marketing
   ④ SEO (Search Engine Optimization)

5. 다음 중 소셜 네트워크 서비스의 종류로 분류하기
   어려운 서비스는?
   ① 네이버 밴드
   ② 카카오스토리
   ③ 소셜 다이닝
   ④ 링크드인

6. 다음 중 소셜 마케팅전략을 통해 비즈니스가
   가질 수 있는 이점이 아닌 것은?
   ① 브랜드 인지도 향상
   ② 새로운 고객확보의 기회 제공
   ③ 검색 SEO 최적화
   ④ 마케팅 비용 절감

7. 다음 중 기업에서 소셜 미디어 도입과 관련해서
   부정적 피드백(댓글)의 폐해가 걱정될 시
   생각할 수 있는 '소셜 미디어 대응 프로세스'가
   아닌 것은?
   ① 감정 (assessment)
   ② 평가 (evaluate)
   ③ 대응 (respond)
   ④ 보고 (report)

8. 다음 중 마케팅에서 제품/서비스를 사용할 핵심
   고객(타겟)을 이해하기 위해 가상의 고객(타겟)을
   정의하는 방법을 나타내는 용어로 배우들이
   쓰던 가면을 가리키는 단어에서 유래된 것은?
   ① 페르소나
   ② 세그먼트
   ③ 프로모션
   ④ 포지셔닝

2과목 (9-80)

9. 다음 중 메타 비즈니스 광고 캠페인 준비사항에 대한 설명으로 틀린 것은?
① 인스타그램 지면에만 광고 노출을 원하는 경우 페이스북 페이지 없이 비즈니스 관리자를 통해 세팅하면 된다.
② 인스타그램의 공개 콘텐츠 중 "슬라이드형" 게시물을 이용해서 "브랜드 인지도 증대" 목표로 광고를 진행 할 수 있다.
③ 매출을 위해 전환 캠페인을 세팅하기 위해서는 페이스북 전환 이벤트 준비가 필요하다.
④ 앱 설치 캠페인을 위해서는 페이스북 앱 등록 없이 진행할 수 없다.

10. 다음에서 설명하는 캠페인 세팅 시 적절한 전략은 무엇인가?

> 고객이 신제품의 브랜드 인지도 증대를 위해 TV CF를 제작하였다. 해당 브랜드의 비즈니스 목표는 조회 수 극대화가 필요하기 때문에 동영상 조회 수 목표 캠페인이 적합하다고 판단하였다. 이 브랜드는 자동 노출 위치를 사용해서 CPV 효율성 확보를 하려고 한다.

① 최근 스토리형 세로형 영상이 인기가 많으니 (9:16) 동영상만 사용한다
② 페이스북 노출 지면과 인스타그램 지면에 적합한 1:1 비율의 동영상을 제작
③ 자동 노출 위치 및 자산맞춤 설정을 사용하고 노출 위치별로 다양한 화면비 사용
④ Messenger 스토리는 9:16 비율보다 1:1 비율이 적합하다

11. 다음 중 Meta for Business의 광고가 오프라인에서 발생하는 매출에 대한 영향력을 측정하고 싶다면 페이스북 비즈니스 솔루션에서 어떠한 기능 활용을 고려해야 하는가?
① Meta픽셀
② Meta SDK
③ 브랜드사의 로열티 프로그램
④ Meta 오프라인 전환 API 기능

12. 다음 중 Meta for Business의 Shops 광고 솔루션 기능이 아닌 것은?
① 쇼핑맞춤타겟
② 제품이 태그된 브랜디드 콘텐츠
③ 라이브 쇼핑
④ 제품이 태그된 다이내믹 광고

13. 1st party data와 핵심타겟을 조합해서 타겟팅하고 있는 온라인 소매업체가 있다. CPA가 상승하고 있어 거래량이 늘지 않고 있는 상황이라면 다음 중 어떤 전략이 적합한가?
① 전환 캠페인 선택/노출위치 확장/ 유사 타겟팅
② 전환 캠페인 선택/노출위치 확장/핵심 타겟팅
③ 트래픽 캠페인 선택/노출위치 확장/관심사 기준 타겟팅
④ 트래픽 캠페인 선택/노출위치 확장/웹사이트 리타겟팅

14. 다음 중 광고캠페인 진행 시 Meta 픽셀을 통해 활용할 수 있는 이점이 아닌 것은?
① 캠페인을 측정하기 위한 지표를 파악하고 설정
② 광고를 노출하기에 알맞은 타겟 생성
③ 캠페인을 통해 유입된 사용자의 행동 분석
④ 광고 전환 최적화를 통한 성과 증대

15. 다음에서 페이스북 비즈니스 광고의 노출지면 중 Audience Network 지면에 노출이 어려운 캠페인목표를 모두 고르시오.

> 1.브랜드 인지도 2.도달 3.참여 4.잠재고객확보

① 1, 2
② 1. 3
③ 1. 2. 4
④ 1. 2. 3. 4

16. 다음 중 페이스북 비즈니스 광고의 머신러닝을 설명하는 내용 중 가장 적합한 것은?
① 머신러닝으로 입찰 구매와 미디어 플래닝 등을 모두 처리할 수 있다.
② 머신러닝은 알고리즘과 예측 분석을 통해 최적의 입찰가로 적합한 타겟을 찾는다.
③ 머신러닝은 클라이언트 비즈니스의 목표를 캠페인 목표에 맞게 자동으로 설정해 준다.
④ 위 3가지 모두 적합하지 않다.

17. 다음 중 머신러닝의 중요한 요소인 캠페인의 유동성이 최적의 상태로 설정되었을 때, 예상되는 이점이 아닌 것은?
① 캠페인 목표를 정하는 단계에서 어떤 목표로 최적화할 지 결정할 수 있다.
② 머신러닝을 통해서 캠페인의 새로운 타겟을 파악하는데 도움을 얻을 수 있다.
③ 머신러닝을 통해 웹사이트에 방문 가능성이 높은 핵심타겟의 데이터를 얻을 수 있다.
④ 타겟 A/B 테스트를 통해 예산 분배 예측치를 파악할 수 있다.

18. 다음 중 광고 에이전시에서 지역, 인구통계에 대한 페이스북 사용자의 집계정보를 포함하여 페이스북 페이지를 팔로우한 타겟에 대해 확인 가능한 페이스북의 도구는?
① 캠페인 플래너
② 페이스북 IQ
③ 잠재고객(타겟) 인사이트
④ 광고관리자

19. 다음 중 Meta for Business 광고 시스템에서 캠페인 실적을 파악하기 위해 사용할 수 있는 세 가지 "측정 방법" 및 "지표"를 나타내는 용어가 아닌 것은?
① Conversion Rate
② Audience Network
③ A/B Testing
④ Brand Lift Survey

20. 다음 중 Meta Business Suite 기능 및 설명 중 틀린 것은?
① Meta Business App Family광고 운영 및 추적
② 페이스북 페이지, 광고 계정 등의 자산 관리
③ 비즈니스 관리 지원을 위해 대행사나 마케팅 파트너 추가
④ 상거래 관리자를 통한 주문 배송 추적관리는 제공하지 않는다

21. 다음 중 Meta Business Solution에서 다양한 광고세트를 시나리오별로 구성하였지만 캠페인의 성과는 극대화 하고자 한다면 이에 가장 적합한 예산 전략방안으로 알맞은 것은?
① CBO를 이용해 광고세트들이 전반적으로 목표에 맞게 예산 분배가 되도록 최적화 한다
② 캠페인의 각 광고 세트에 동등하게 예산 분배한다
③ 성과가 가장 좋을 것 같은 광고세트에 예산을 가장 높게 할당한다
④ 광고기간동안 수동으로 광고세트를 ON/OFF 한다

22. 다음 중 Meta for Business에서 제공하는 노출위치 자산 맞춤화에 대한 설명 중 틀린 것은?
① 페이스북(Meta)과 연결된 Stock 사이트를 통해 이미지를 자동으로 제공한다
② 고객의 기본 언어 설정에 따라 광고의 언어를 자동으로 번역한다
③ 노출 위치에 따라 이미지를 자르거나 수정할 수 있다
④ 노출 위치별로 사용된 이미지 또는 텍스트는 변경할 수 없다

23. 다음 중 크리에이티브의 유연성을 제공하기 위해 페이스북 비즈니스 솔루션의 기능 중 다이나믹 크리에이티브(DCO)와 다이나믹 언어 최적화(DLO)의 설명 중 틀린 것은?
① 다이나믹 크리에이티브 기능을 이용해 타겟에게 크리에이티브 성과를 비교할 수 있다
② 여러 타겟을 대상으로 어떤 크리에이티브가 가장 효과적인지 테스트 할 수 있다
③ 글로벌 캠페인 시 고객의 기본 언어에 맞게 문구를 자동으로 번역한다
④ DLO는 모든 노출위치에 자동번역을 지원한다

24. 약 6개월 전에 전환 픽셀 스크립트 설치를 완료한 온라인 커머스몰이 있다. 이 몰의 매출 상향을 위해 가장 적절한 캠페인 목표와 최적화 기준은 무엇일까?
① 전환 캠페인 목표 및 가치최적화 기준
② 전환 캠페인 목표 및 일일 고유 도달 최적화 기준
③ 트래픽 캠페인 목표 및 랜딩페이지 조회 최적화 기준
④ 트래픽 캠페인 목표 및 링크클릭 최적화 기준

25. Meta for Business Suite 는 크리에이터와 퍼블리셔가 콘텐츠를 수익화 할 수 있는 기능을 제공한다. 수익화 할 수 없는 콘텐츠는 무엇인가?
① Meta에서 광고 형태로 제공하는 프리롤 광고가 삽입된 인스트림 광고
② 지역 차단 관리 설정이 되어 있는 페이스북 인스트림 광고
③ 여러 언어로 제공되는 페이스북 인스트림 광고
④ 라이브 방송의 인스트림 광고

26. 다음 중 Meta for Business 앱 패밀리의 커뮤니티 규정의 목표와 가치가 아닌 것은?
① 콘텐츠의 진실성 보장을 위한 허위 계정 생성 차단
② 사람의 존엄성과 권리 보장을 위해 괴롭힘과 모욕적인 콘텐츠 차단
③ 개인정보와 사생활 보호를 위한 개인정보 보호기능 제공
④ 표현의 자유를 위해서 개인뉴스는 제한없이 자유롭게 보장

27. 다음 중 인스트림 동영상, 인스턴트 아티클, Audience Network에서 광고주가 차단할 수 있는 콘텐츠 카테고리가 아닌것은?
① 도박 콘텐츠
② 성인용 콘텐츠
③ 주류 및 정치 콘텐츠
④ 참사 및 분쟁 콘텐츠

28. 다음 중 Meta의 앱 패밀리(광고노출지면)에 가장 낮은 비용으로 광고를 최적화하기 위해 자동 게재위치 사용에 대한 장점 설명 중 틀린 것은?
① 동일한 예산으로 더 많은 전환결과를 얻을 수 있다
② 캠페인의 광고가 페이스북 앱 패밀리 전반에 걸쳐 노출된다.
③ 동일한 예산으로 더 많은 타겟에게 도달할 수 있다
④ 광고게재위치를 세밀하게 제어할 수 있다

29. 다음 중 메타의 비즈니스 광고와 연관되어 비즈니스 성장을 위해 고객에게 노출할 수 있는 앱 중 설명이 틀린 것은?
① Facebook 은 비즈니스 페이지를 통해 광고할 수 있다
② Instagram 은 사진과 동영상을 공유하며 영감을 얻고 새로운 관계를 만들어 나갈 수 있다
③ Messenger 를 통해 더 많은 신규고객 확보가 가능하다
④ WhatsApp 은 고객들과의 소통에서 별로 도움이 되지 못한다

30. 다음 중 클라이언트의 비즈니스 목표를 설정하기 위해 질문해 볼 수 있는 예시가 아닌 것은?
① 캠페인에 대한 수치적/정량적 목표치와 달성 시기
② 신규 캠페인을 위한 광고 크리에이티브 유무
③ 이전 마케팅 활동에 대한 히스토리와 성공여부
④ 새로운 주요 경쟁업체로 인한 시장 변화 유무

31. 다음 중 캠페인을 위해 무엇을 노력해야 하는
지를 정확하게 알 수 있도록 잘 정의된 비즈니스
목표는 무엇인가?
① 20-30 여성 타겟으로 TV CF 광고 영상 제작
② 작년 4분기 대비 브랜드 사이트 회원가입 수 증대
③ 내년 1분기까지 금년 4분기 대비 동일한
광고비용으로 ROAS 350% 달성
④ 충성고객 증대를 위해 앱을 개발

32. 다음 중 비즈니스 광고 관리자에서 캠페인을
신규로 세팅할 때, 광고세트 수준에서 선택
할 수 없는 것은?
① 광고 전환 추적 옵션
② 광고 노출위치 설정 옵션
③ 광고 타겟팅 (핵심타겟, 유사타겟, 맞춤타겟) 옵션
④ 광고 예산 및 일정 옵션

33. 다음 중 광고 목표에 따라 이용가능한 광고 게재
최적화 방법 중 틀린 것은?
① 광고상기도 성과 증대 : 최대한 많은 사람들이
광고를 본 것을 기억하도록 게재
② 도달 : 타겟에게 광고를 최대한 여러 번 게재
③ 랜딩 페이지 조회 : 웹사이트 또는 인스턴스
경험(캔버스)을 읽어 들일 가능성이 높은
타겟에게 광고를 게재
④ 앱 이벤트 : 특정 액션을 1회 이상 취할 가능성이
가장 높은 타겟에게 광고 게재

34. 다음 중 페이스북 비즈니스 광고의 광고 방
식으로 가장 적합한 것은?
① CPC (Cost Per Click)
② CPM(Cost Per Mile)
③ oCPM (optimize Cost Per Mile)
④ CPM 모델은 Awareness 목표에 적용되며
그 외에는 oCPM 비딩방식을 사용한다.

35. 다음 중 Meta 비즈니스 광고의 타겟팅 방식
에 대한 설명으로 틀린 것은?
① 핵심타겟 : 연령/관심사/지역 등의 기준에
따라 타겟을 정의하고 타겟
② 맞춤타겟 : 온라인이나 오프라인에서 비즈니스에
반응을 보인 타겟
③ 유사타겟 : 소스타겟을 기준으로 유사유저를
타겟으로 생성
④ 특별광고타겟 : 고객데이터를 기반으로 광고
카테고리 상관없이 사용가능한 타겟

36. 다음 중 페이스북 비즈니스 설정 탭 메뉴 중
데이터 소스에 포함된 메뉴항목이 아닌 것은?
① 카달로그
② 도메인
③ 맞춤 전환
④ 픽셀

37. 다음 중 YouTube(이하 유튜브) 최초 건너뛰기
(Skip, 스킵)가 가능한 동영상 광고로, 조회
가능성이 높은 시청자에게 광고를 게재하는
방식의 광고 상품은 무엇인가?
① 트루뷰 인스트림(Trueview Instream)
② 범퍼애드(Bumper Ad)
③ 트루뷰 비디오 디스커버리(Trueview Video
Discovery)
④ CPM 마스트헤드(Masthead)

38. 다음 중 트루뷰 인스트림 광고의 과금 방식은
무엇인가?
① CPC(Cost Per Click)
② CPA(Cost Per Action)
③ CPM(Cost Per Mile)
④ CPV(Cost Per View)

39. 다음 중 트루뷰 인스트림 광고 노출 시 '건너뛰기'
버튼이 노출되는 시점으로 알맞은 것은?
① 3초 후
② 5초 후
③ 7초 후
④ 10초 후

40. 다음 중 영상 길이 1분(60초)짜리로, 트루뷰 인스트림 광고 집행 시 과금이 되는 시점으로 알맞은 것은?
① 10초 시청
② 20초 시청
③ 30초 시청
④ 60초 시청완료

41. 다음 중 트루뷰 인스트림 광고가 노출되는 위치로 알맞은 것은?
① 유튜브 홈피드
② 유튜브 검색결과
③ 유튜브 영상 시청페이지
④ 유튜브 영상 시청페이지 하단

42. 다음 중 트루뷰 인스트림 광고의 과금 유형으로 틀린 것은?
① 영상 내 랜딩 URL 클릭 시
② '건너뛰기' 버튼 클릭 시
③ 컴패니언 배너 클릭 시
④ CTA(Call To Action)

43. 다음 중 트루뷰 인스트림 광고에서 15초 영상소재를 사용할 경우 과금 시점으로 알맞은 것은?
① 5초 시청 시
② 7초 시청 시
③ 10초 시청 시
④ 15초 시청 완료 시

44. 다음 중 트루뷰 동영상 광고 집행 시 허용되는 영상소재 길이로 적합한 것은?
① 15초 미만
② 30초 미만
③ 60초 미만
④ 제한 없음

45. 다음 중 트루뷰 동영상 광고의 최소 CPV 입찰 단가로 적합한 것은?
① 50원
② 100원
③ 없음
④ 200원

46. 다음 중 구글의 광고 프로그램인 구글애즈(Google Ads)에서 할 수 없는 광고는 무엇인가?
① 유튜브 동영상 광고
② 구글 앱 광고
③ 구글 디스플레이 광고
④ 유튜브 라이브 스트리밍

47. 다음 중 트루뷰 광고 집행 시 광고 영상 소재를 등록해야 하는 위치로 알맞은 것은?
① 구글애즈(Google Ads) 광고 탭
② 유튜브 채널
③ 홈페이지
④ SNS 페이지

48. 다음 중 트루뷰 비디오 디스커버리 광고의 과금 방식으로 알맞은 것은?
① 썸네일 or 텍스트 클릭 후 영상을 30초 이상 시청 시
② 썸네일 or 텍스트 클릭 후 영상을 5초 이상 시청 시
③ 썸네일 or 텍스트 클릭 시
④ 광고영상 공유, 좋아요, 댓글, 구독 클릭 시

49. 다음 중 트루뷰 비디오 디스커버리 광고 클릭 시 연결되는 곳으로 알맞은 것은?
① 광고 영상 시청 페이지
② 기업 홈페이지
③ 기업 SNS 채널
④ 기업 이벤트 페이지

50. 다음 중 트루뷰 인스트림 광고 시 사용하는 컴패니언 이미지 배너의 크기로 적합한 것은?
① 300*50
② 300*60
③ 300*100
④ 486*80

51. 다음 중 조회율에 대해 올바르게 설명한 것은?
① 광고를 건너 뛴 시청자 비율
② 광고 노출 내비 클릭 비율
③ 광고 노출 대비 조회 비율
④ 광고 노출 대비 시청 완료 비율

52. 다음 중 동영상 광고가 시작된 이후 15초 동안 건너뛰기가 불가한 광고 상품은 무엇인가?
① 건너뛸 수 없는 광고
② 트루뷰 인스트림 광고
③ 트루뷰 비디오 디스커버리 광고
④ 범퍼애드

53. 다음 중 유튜브 채널 내 영상 조회수가 카운팅 되지 않는 광고는 무엇인가?
① 트루뷰 인스트림 광고
② 건너뛸 수 없는 광고
③ 트루뷰 비디오 디스커버리 광고
④ 정답 없음

54. 다음 중 트루뷰 인스트림 광고 집행 시 노출수 100,000회, 조회수 20,000회인 영상의 조회율로 알맞은 것은?
① 20%
② 2%
③ 0.2%
④ 10%

55. 다음 중 6초 범퍼애드의 과금 방식은 무엇인가?
① CPC
② CPV
③ CPD
④ CPM

56. 다음 중 범퍼애드의 작동 방식 설명으로 틀린 것은?
① 최대 6초의 건너뛸 수 없는 동영상 광고
② 범퍼애드 집행 시 영상 조회수는 증가하지 않음
③ 입찰 방식으로 CPM 또는 CPC 선택 가능
④ 효과적인 인지도 및 도달 확대 등의 목표 달성 가능

57. 다음 중 유튜브 동영상 광고가 게재되지 않는 곳은?
① 구글 디스플레이 네트워크 동영상 파트너
② 구글 검색결과
③ 유튜브 영상 시청페이지
④ 유튜브 홈피드(첫화면)

58. 다음 중 개별 시청자에게 특정 순서로 광고를 게재하여 내 제품 또는 브랜드 스토리를 전달하는 방식은 무엇인가?
① 아웃스트림
② 광고 시퀀스
③ 디렉터 믹스
④ 광고 균등게재

59. 다음 중 유튜브 광고 검수 소요 시간은?
① 대부분의 광고는 영업일 기준 1일(24시간) 이내 검토 완료
② 대부분의 광고는 영업일 기준 1시간 이내 검토 완료
③ 대부분의 광고는 영업일 기준 12시간 이내 검토 완료
④ 대부분의 광고는 영업일 기준 2일(48시간) 이내 검토 완료

60. 다음 중 두 개 연속으로 게재되는 동영상 광고가 허용되는 유튜브 내 영상 콘텐츠의 길이는?
① 1분 이상
② 3분 이상
③ 5분 이상
④ 영상 길이와 상관없음

61. 다음 중 유튜브 광고가 불가한 동영상 등록 상태는 무엇인가?
① 유튜브 채널 내 '미등록' 상태
② 유튜브 채널 내 '등록' 상태
③ 유튜브 채널 내 '비공개' 상태
④ 해당 사항 없음

62. 다음 중 유튜브 광고 시 동일 유저에게 반복적으로 광고가 노출되는 것을 최소화하기 위해 적합한 최적화 방법은 무엇인가?
① 광고게재빈도 설정을 통한 인당 광고 노출 수 제한
② 광고 게재방식을 빠른게재에서 일반게재로 변경
③ 광고 게재방식을 일반게재에서 빠른게재로 변경
④ 광고 타겟팅 2개 이상 설정

63. 다음 중 비디오 리마케팅 목록에서 설정할 수 있는 초기 목록 기간은?
① 30일
② 7일
③ 14일
④ 60일

64. 다음 중 중복 시청을 최소화하고 순시청자를 최대한 늘리기 위한 방법은?
① 광고 예약기능을 통해 특정 시간대만 광고노출
② 광고게재빈도 설정
③ 광고입찰가 최소화
④ 광고 일반게재 설정

65. 다음 중 목표 타겟 도달범위 및 예산별 적합한 광고 포맷과 상품 조합 등이 가능한 구글애즈 내 플래닝 도구(Tool)는 무엇인가?
① 크로스 미디어 인사이트(Cross Media Insight-XMI)
② 브랜드 리프트 서베이(BLS, Brand Lift Survey)
③ 도달범위 플래너(Reach Planner)
④ 유튜브 서치 업리프트 리포트(YouTube Search UpLift Report)

66. 다음 중 유튜브 동영상 광고 게재 순위를 산정하는데 포함되지 않는 요소는 무엇인가?
① CPV 입찰가
② 영상 조회율
③ 영상 클릭률
④ 영상 좋아요, 댓글, 공유 등의 수치

67. 다음 중 유튜브 채널 수익 창출 조건에 해당되지 않는 것은?
① 구독자 10,000명 초과
② 최근 12개월 간 유효 시청 시간 4,000시간 이상
③ 연결된 애드센스
④ 채널 커뮤니티 가이드 위반 경고 없음

68. 다음 중 카카오광고의 과금 방식이 아닌 것은?
① CPC(Cost Per Click)
② CPA(Cost Per Action)
③ CPM(Cost Per Mile)
④ CPV(Cost Per View)

69. 다음 중 카카오광고의 기본 타겟팅 방식이 아닌 것은 ?
① 키워드 타겟
② 카테고리 타겟
③ 지역 타겟
④ 리타게팅 타겟

70. 다음 중 광고가 게재되고 있지 않은 상황은 무엇인가?
① 광고 '승인' 상태
② 광고 '운영중' 상태
③ 광고 '제한적 승인' 상태
④ 광고 '검토중' 상태

71. 다음 중 쇼핑업종에서 카카오광고의 타겟팅 예시가 아닌 것은 ?
① 오프라인 매장 위치에 있는 유저
② 쇼핑 카테고리에 플친 맺은 유저
③ 제품명을 검색한 유저
④ 고객 상담을 받은 유저

72. 다음 중 카카오광고에서 동영상광고의 노출 위치가 아닌 것은?
① 카카오톡 채널탭 영역
② 다음 모바일앱 뉴스탭 영역
③ 카카오스토리 피드영역
④ 카카오페이 메인영역

73. 다음 중 카카오 비즈보드의 특성이 아닌 것은?
① 카카오톡 채팅리스트의 최상단에 위치한 배너이다.
② 캠페인 목표에 따라서 픽셀 또는 SDK를 설치하여 활용한다.
③ 여러가지 랜딩페이지를 만들 수 있다.
④ 동영상광고가 가능하다.

74. 다음 중 카카오 비즈보드의 노출영역에 대한 설명으로 틀린 것은?
① 카카오톡 채팅 최상단 영역만 노출이 불가능하며 카카오서비스에 동시 노출된다.
② 카카오버스, 카카오지하철, 카카오네비 등에 노출된다.
③ 다음(Daum) 영역에 노출된다.
④ URL, 포스트 랜딩소재에 한해서 외부 네트워크 영역에 노출된다.

75. 다음 중 밴드에 대한 설명으로 알맞지 않은 것은 ?
① 월간 2,000만명의 순 이용자가 이용하는 국내 소셜미디어 1위 매체이다.
② 남성과 여성의 비율이 8:2로 압도적으로 남성의 이용자가 많다.
③ 핵심 구매연령인 30대~50대 이용자가 많다.
④ 페이스북, 인스타그램 이용자 대비 40대와 50대가 가장 많이 사용한다.

76. 다음 중 밴드에서 집행 가능한 디스플레이 광고상품명이 아닌 것은?
① 풀스크린 광고
② 인터랙티브 광고
③ 네이티브 피드광고
④ 스마트채널 광고

77. 다음 중 네이버 밴드의 광고상품별 과금 방식이 올바르지 않은 것은?
① 풀스크린광고는 광고집행을 보장하는 보장형 광고이며 고정가격이다
② 네이티브 피드광고와 스마트채널광고는 입찰을 통하여 노출되는 성과형이다
③ 네이티브 피드광고는 CPM, CPC, CPV 과금을 사용할 수 있다
④ 스마트채널 광고는 CPC 입찰방식만 있다

78. 다음 중 네이버 밴드에서 앱 종료 시 노출되는 1일 1광고주 단독 노출상품으로 브랜드 인지효과 및 클릭을 극대화 할 수 있는 안드로이드 전용상품은 무엇인가?
① 네이티브 광고
② 스마트채널 광고
③ 동영상 광고
④ 풀스크린 광고

79. 다음 중 네이버밴드광고인 '네이티브 피드광고'에 대한 설명 중 적절치 않은 것은?
① 리얼타임 비딩광고상품이다.
② 최소 입찰가는 CPM 110원, CPC 11원, CPV 11원이다.
③ GFA를 통해서 진행할 수 있다.
④ 캠페인 목적은 웹사이트 트래픽만 가능하다.

80. 다음 중 네이버 밴드광고인 '네이티브 피드광고'의 타게팅 옵션에 대한 설명으로 틀린 것은?
① 시간 및 요일 타게팅이 가능하다
② 성별 및 연령 타게팅이 가능하다
③ 앱 기설치자 노출제외 타게팅이 모든 OS 타게팅에서 가능하다.
④ 맞춤타겟으로 광고주의 브랜드를 알고 있거나 접한 적이 있는 대상 타겟이 가능하다.

※ 다음 사항을 확인하신 후 시험을 종료하시기 바랍니다.
○ 문제에 대한 답안을 모두 기입하셨습니까?
- 수고하셨습니다 -

정보통신기술자격(KAIT·CP) 검정시험
[The Official Approval Test for KAIT Certified Professional]

◉ 시험종목 : SNS광고마케터 1급(샘플문제)

◉ 시험일자 : 2022. 00. 00.(토) 14:00 ~ 15:40(100분)

◉ 응시자 기재사항 및 감독위원 확인

Ⓑ

수 검 번 호	SNS - 2200 -	감독위원 확인
성 명		(비대면온라인)

Korea Association for ICT promotion
한국정보통신진흥협회 **KAIT**

제2200회 SNS광고마케터 1급 샘플문제 모범답안

1	2	3	4	5	6	7	8	9	10
4	1	2	2	3	2	3	1	4	1
11	12	13	14	15	16	17	18	19	20
3	3	4	2	3	2	4	1	1	3
21	22	23	24	25	26	27	28	29	30
3	4	3	4	4	3	4	1	1	2
31	32	33	34	35	36	37	38	39	40
4	3	4	1	2	3	1	2	3	3
41	42	43	44	45	46	47	48	49	50
1	3	4	1	2	1	3	2	4	4
51	52	53	54	55	56	57	58	59	60
2	2	1	4	2	1	2	2	4	4
61	62	63	64	65	66	67	68	69	70
3	4	4	4	4	1	3	4	4	4
71	72	73	74	75	76	77	78	79	80
3	4	3	3	1	4	4	2	1	3

※ 다음 사항을 확인하신 후 시험을 시작하시기
  바랍니다.
  ○ 본 시험지는 총 10페이지, 80문제(1과목 : 1~8번,
    2과목 : 9~80번)로 구성되어 있습니다.
    페이지와 문제수가 맞는지 확인하시기 바랍니다.
  ○ 과목별 문제수 및 배점
    - 1과목 : 8문제 × 1.25점 = 10점
    - 2과목 : 72문제 × 1.25점 = 90점
  ○ 합격기준
    - 총점 70점 이상

1과목 (1-8)

1. 다음 중 인스타그램을 활용한 소셜 마케팅 전략에
   대한 설명 중 틀린 것은?
   ① Instagram 스토리 광고에 설문 스티커를
     활용해서 반응을 이끌어 낸다
   ② Instagram Live 로 고객들과 소통하며 충성
     고객을 확보해 나간다
   ③ 피드와 스토리 릴스 등 이미지와 동영상에
     제품 태그를 삽입한다.
   ④ 고객들에게 프로모션 내용에 대해서 DM을
     지속적으로 보내어 참여를 유도한다

2. 다음은 소셜미디어 플랫폼에 대한 설명이다.
   설명에 맞는 매체는 무엇인가?

   - 2016년 150개 국가 및 지역에서 75개 언어로 시작
     한 서비스이다.
   - 15초에서 3분 길이의 숏폼(short-form)비디오 형식으로
     영상을 제작하고 공유할 수 있는 소셜 네트워크
     서비스이다.
   - 음악과 결합된 챌린지에 많이 활용되는 서비스로
     미국 대중음악 시장에도 큰 영향을 미치고 있다.

   ① 틱톡
   ② 스냅챗
   ③ 인스타그램 릴스
   ④ 트위터

3. 다음 중 소셜미디어 플랫폼별 강약점에 대한
   설명으로 틀린 것은?
   ① 정보와 콘텐츠의 절대적인 양은 유튜브보다
     인스타그램이 더 높다
   ② 할인프로모션 정보 전달은 페이스북보다
     유튜브가 더 좋다
   ③ 동일한 취향과 취미를 가진 사람들과 소통
     하기에는 네이버밴드가 적합하다
   ④ 크리에이터가 수익창출하기에는 유튜브가
     적합하다.

4. 다음 중 인스타그램 공식 채널운영 시 권장하
   는 전략이 아닌 것은?
   ① 타깃 오디언스가 즐겨 검색하는 단어를
     이용한 커뮤니티 해시태그 활용
   ② 프로모션 내용을 인플루언서가 리그램하여
     포스팅
   ③ 인스타그램 크리에이터와 협업 시 브랜디드
     콘텐츠 기능 활용
   ④ 이미지와 영상을 활용한 트렌디한 콘텐츠로
     타깃에게 노출

5. 기업 소셜미디어 담당자가 브랜드 콘텐츠 마케팅
   전략을 구성하고 있다. 다음 중 가장 적합하지
   않은 마케팅 전략은 무엇인가?
   ① 인스타그램의 경우 브랜드 콘셉을 보여주는
     계정과 인플루언서 계정을 분리하여 운영
   ② 긍정적인 리뷰 콘텐츠를 블로거들과 협력하여
     제작 및 배포
   ③ 효율적인 인력 리소스 관리를 위해 최근
     유행하는 틱톡 매체만 관리를 집중
   ④ 긍정적인 여론 형성을 위해 커뮤니티와
     협력하여 프로모션을 진행

6. 다음 중 초월(beyond), 가상을 의미하는 단어와
   세계를 의미하는 합성어로 코로나 이후에
   소셜미디어 플랫폼에서 급속도로 진화하고 있는
   분야의 알맞은 용어는 무엇인가?
   ① 증강현실
   ② 메타버스
   ③ 가상현실
   ④ NFT

7. 다음이 뜻하는 용어는 무엇인가?

- 동영상과 기록을 뜻하는 영어 단어의 합성어이다.
- 유튜브 등의 동영상 플랫폼에서 유행했던 영상 콘텐츠 형태의 하나이다.
- 영국 BBC 방송 비디오네이션이라는 시리즈물에서 시초가 되었다.

① 숏폼콘텐츠
② 기획콘텐츠
③ 브이로그
④ 라이브스트리밍

8. 디지털 놀이문화를 뜻하는 것으로 디지털 유행코드를 뜻하는 단어이며, 한국어로 '짤방'으로 불리는 단어를 무엇이라 하는가?

① 밈(meme)
② MZ 세대
③ UCC
④ 바이럴 비디오

2과목 (9-80)

9. 다음 중 정부 규제가 엄격한 기업이 Meta for Business 의 노출 지면 옵션인 Audience Network내에서 특정 퍼블리셔/웹사이트에서 광고를 게재하지 않으려고 한다. 어떤 캠페인 세팅 전략을 활용해야 하는지 선택하세요.

① Facebook과 Instagram만 캠페인을 진행한다.
② '제외해야 할 웹사이트'를 좋아하는 사용자를 제외 타겟팅 한다.
③ 노출위치 중 Audience Network 선택을 해제하고 광고 노출하지 않는다.
④ 특정 퍼블리셔/웹사이트 차단리스트와 함께 자동노출 위치를 사용한다.

10. 다음 중 다양한 상품을 보유한 E-Commerce 에서 컬렉션 광고를 이용해서 캠페인의 매출을 효과적으로 증대하기에 가장 적합한 크리에이티브 전략으로 알맞은 것은?

① 15초 동영상 및 전 제품의 카달로그 연동
② 15초 커버 동영상 및 판매율이 높은 4개 상품으로 구성된 제품세트
③ 가로 커버 이미지 및 전 제품의 카달로그 연동
④ 가로 커버 이미지 및 판매율이 높은 4개 상품으로 구성된 제품세트

11. 최근 쿠키 지원을 중단하는 브라우저가 늘어나면서 웹사이트 전환 추적이 어려워짐에 따라 성과 저하 현상이 나타날 수 있다. 이와 같은 상황에서 캠페인 최적화를 위해 구현해야 하는 기능은 무엇일까?

① 자동고급매칭
② Facebook 성과 기여
③ 전환 API
④ 수동 고급매칭

12. 다음 중 카달로그에 정기적으로 변경되지 않는 1,000개의 제품을 업로드 해야 한다면, 관리자가 카달로그에 제품을 추가할 수 있는 최적의 방법은?

① 수동 업로드
② 구글 스프레드 시트 대량 수동 업로드
③ 픽셀 사용
④ 전환 API 사용

13. 다음 중 Meta '다이나믹 캠페인'을 준비하는 과정에서 Meta 픽셀/SDK의 이벤트 값 중 필수 이벤트 값이 아닌 것은?

① ViewContent
② AddToCart
③ Purchase
④ CheckOut

14. 다음 중 Meta '앱 캠페인'을 준비하는 과정에서 App Event를 측정하기 위해 선택할 수 있는 측정 솔루션이 아닌 것은?
① Meta SDK
② Meta 애플리케이션 API
③ MMP 배지가 있는 3rdPartyTool
④ Meta 앱 이벤트 API

15. 다음 중 브랜드의 TVCF 영상을 페이스북을 이용한 모바일 브랜드 캠페인에서 효과적으로 활용하기 위해 가장 적합한 방법은 무엇인가?
① 브랜드 TVCF 영상의 스토리 전체를 보여주기 위해 무편집본 사용
② 기존 영상 자산에 자막을 추가
③ 최초 3초 이내에 브랜드 메시지를 노출하여 15~30초 영상으로 재구성하여 사용
④ 기존 영상을 1.91:1 포맷으로 변경하여 사용

16. 브랜드에서 S/S 컬렉션 시즌 상품을 소개하려고 한다. 시즌 신상품 이미지 20개와 15초짜리 동영상과 함께 사용해서 구매 고려도를 높이고자 한다. 다음 중 가장 적합한 광고 크리에이티브 형식은?
① 슬라이드쇼
② 컬렉션
③ 동영상
④ 단일이미지

17. 다음 중 모바일용 크리에이티브 스토리텔링 기법이 아닌 것은?
① 버스트 : 스토리 구조를 전면에 드러내고 즐거움을 선사해서 끝까지 시청하게 만듦
② 셔플 : 트레일러와 같이 콘텐츠를 짜집기하여 첫 3~6초 이내에 주요 장면을 구성
③ 펄스 : 스토리 구조를 패턴화 하여 다음 순간 어떤 장면이 나올지 기대감 생성
④ 전개 : 어느정도의 시간 흐름을 통해 스토리를 전개

18. 다음에서 설명하는 브랜드가 선택해야 할 입찰방식으로 알맞은 것은?

> 브랜드는 광고에 대한 도달과 광고비용 지출의 예측을 중요하게 생각한다. 예산이 한정되어 있으므로 선택한 기간에 타겟 고객에게 빈도를 기준으로 광고를 집행하고 싶다.

① CPM
② CPA
③ CPC
④ CPV

19. 다음에서 설명하는 브랜드에는 어떤 목표가 사용되어야 하는가?

> 자사 페이스북에서 신규고객이 제품을 확인하고 메신저를 통해 대화하도록 유도함으로써 잠재고객을 확보하고자 한다. 저렴한 비용으로 잠재고객과의 대화 수를 최대화하고자 한다.

① 메시지 전달을 목표로 한 Messenger 연결광고
② 다이내믹 광고를 활용한 카달로그 판매 캠페인
③ 메시지 전달을 목표로 한 컬렉션 광고
④ 매장방문을 목표로 한 컬렉션 광고

20. 다음 중 캠페인의 KPI가 400만 동영상 조회를 달성하면. 동영상 조회당 비용을 30원 이하로 유지하고자 할 때 적절한 예산은 얼마인가? (vat별도)
① KRW 20,000,000
② KRW 80,000,000
③ KRW 120,000,000
④ KRW 50,000,000

21. Meta 비즈니스에서 지원하는 광고 형식에 대해 설명이 적합하지 않은 것을 고르시오
① 뉴스피드 또는 인스타그램 피드는 정사각형 이미지와 4:5비율의 동영상이 적합하다
② 스토리는 인터랙티브 요소나 스티커들을 활용하여 참여를 유도할 수 있다
③ 인스트림 동영상은 버티컬 영상이 적합하다
④ Messenger의 홍보 메시지는 모바일 전용이며 1.91:1 또는 16:9 이미지가 효과적이다

22. 다음에서 설명하고 있는 내용에 적합한 구매 유형과 옵션 기능으로 알맞은 것은?

> 클라이언트의 제품 영상을 스토리텔링 형태로 노출하기 위해. 타겟그룹에게 광고 1편을 보여준 후 2편을 보여주고자 한다.

① 구매유형 : 경매 / 기능 : 일정 예약
② 구매유형 : 경매 / 기능 : 순차 게재
③ 구매유형 : 도달 및 빈도 / 기능 : 일정 예약
④ 구매유형 : 도달 및 빈도 / 기능 : 순차 게재

23. 다음 중 Meta for Business의 다이내믹 광고에서 제공하는 카달로그의 업종이 아닌 것은?
① 리테일/전자상거래
② 여행
③ 금융
④ 부동산

24. 다음 중 Meta for Business 광고 시스템에서 맞춤타겟을 만들고자 할 때, 타겟 생성 시 사용할 수 있는 소스 옵션이 아닌 것은?
① 고객파일
② 오프라인 활동
③ Meta 픽셀/SDK
④ Meta for Business 관심사

25. Meta는 광고 경매에서 타겟에 대해 선택된 광고순위를 지정하고 캠페인 목표와 가치에 적합한 광고를 찾는다. 다음 중 경매 광고 순위 낙찰에 영향을 미치는 요소가 아닌 것은?
① 광고주 입찰가
② 추산 행동률
③ 광고의 관련성과 품질
④ 입찰조정방식

26. 다음 캠페인으로 지속하면 향후 어떤 진행 결과를 예상할 수 있는지 가능성이 높은 것을 선택하시오.

> 브랜드가 보유한 1st Party Data를 대상으로만 캠페인을 진행하고 있다. 현재 캠페인은 성공적으로 매출 성과가 실행되고 있어 만족도가 굉장히 높은 상태이다.

① 캠페인의 성과가 최적화되어 매출이 지속적으로 증대된다.
② 기존 고객에게 광고가 지속적으로 노출되면서 브랜드 충성도가 높아진다.
③ 광고 타겟이 한정적이어서 광고 예산을 늘려도 노출량이 줄어든다.
④ 크리에이티브만 지속적으로 변경해 준다면 광고 피로도가 적어 매출은 증대 될 것이다.

27. 새로운 모델 출시로 매출증대를 꾀하는 자전거 제조업체가 있다. '지난 시즌의 모델 구매에 관심을 보인 고객'을 대상으로 판매효과를 테스트해보고자 한다. 이때 가장 필요한 데이터 소스는 무엇인가?
① 웹사이트 방문자
② 오프라인 CRM 데이터
③ 3rd Paty SDK
④ 온라인 구매전환 데이터

28. 브랜드 캠페인 진행에 있어 도달 및 빈도를 조절하는 광고를 구매할 계획이다 다음 중 해당 캠페인의 광고 인벤토리에 적용할 게재 비용 방식으로 적합한 것은?
① CPM
② CPA
③ CPV
④ CPC

29. 커머스브랜드를 신규로 출시할 계획이다. 신규 고객을 유치하는 것이 브랜드의 목적일 때, 캠페인 타겟팅 전략 추천으로 알맞은 것은 무엇인가?
① 위치 및 인구 통계기반의 폭 넓은 핵심 타겟
② 웹사이트 방문자 리타겟팅, 고객은 제외
③ 위치 및 인구 통계기반을 토대로 구성한 팔로워 유사타겟
④ 고객을 포함한 웹사이트 방문자 유사타겟

30. 다음 중 Meta for Business의 광고 캠페인 목표에 적합하지 않은 것은?
① 브랜드 인지도 증대 (Brand Awareness)
② 페이스북 페이지 좋아요 (Facebook page Like)
③ 트래픽 (Traffic)
④ 매장유입 (Store visits)

31. 다음 중 페이스북 광고 형식의 유형 중 카달로그가 필요한 광고 형식은?
① 이미지 광고
② 동영상 광고
③ 슬라이드 광고
④ 컬렉션 광고

32. Meta for Business의 이미지 광고 모범사례를 설명하고 있는 내용에서 광고에 적합한 크리에이티브 접근 방식 중 틀린 것은?
① 페이스북의 다양한 노출위치에 권장되는 화면 비율을 사용하기
② 제품이나 서비스, 브랜드를 이미지 내에 노출하여 메시지를 효율적으로 전달하기
③ 이미지 자체에 배너와 같이 많은 정보를 담은 텍스트로 정보를 전달한다
④ 최소 픽셀 크기의 요구사항을 확인해서 광고가 흐려지지 않도록 한다

33. 다음 중 Meta에서 성과측정을 위해 제공하는 데이터 소스 및 기능이 아닌 것은?
① Meta 픽셀
② 전환 API
③ Meta SDK
④ Web Site Search Console

34. 다음에서 목표달성에 대한 평가를 하는데 가장 좋은 KPI는 무엇인가?

> 브랜드의 올해 가장 중요한 목표는 매출을 올리는 것이다.

① 총 전환 수
② 총 광고 클릭 수
③ 브랜드 인지도 상승도
④ 총 광고 노출 수

35. 메타의 비즈니스 솔루션은 각 플랫폼과 기기 전반에 걸쳐 성과측정 및 인사이트를 파악할 수 있다. 다음 중 그것을 가능하게 하는 것은?
① 전환 스크립트 픽셀
② Facebook UID
③ 인터넷 Kookie
④ 3rd Party SDK

36. 다음 중 메타 비지니스에서 다양한 디지털 인사이트와 마케팅 리서치 자료를 제공하는 도구는 무엇인가?
① 비즈니스 관리자
② 이벤트 관리자
③ Facebook IQ
④ Meta Developers

37. 다음 중 구글애즈 동영상 캠페인에서 사용할 수 없는 광고 로테이션 옵션은 무엇인가?
① 클릭 최적화
② 조회 최적화
③ 전환 최적화
④ 해당 사항 없음

38. 다음 중 비디오 리마케팅에 대한 설명으로 옳은 것은?
① 비디오 리마케팅을 위해서는 태그를 심어야 한다
② 영상이 업로드 된 유튜브 계정과 유튜브 동영상 광고를 진행할 구글애즈 계정을 서로 연동해야 한다
③ 시청자 목록 최대 365일까지 보관할 수 있다
④ 비디오 리마케팅 적용 시 입찰가가 할증된다

39. 다음 중 비디오 리마케팅 목록으로 만들 수 없는 것은?
① 채널의 동영상 조회
② 채널 페이지 방문
③ 광고를 건너 뛴 시청자
④ 채널 내 특정 영상에 댓글을 남긴 시청자

40. 다음 중 비디오 리마케팅과 관련하여 잘못 설명한 것은?
① 1개 유튜브 채널에 여러 개의 구글애즈 계정을 연동할 수 있다
② 비디오 리마케팅으로 생성한 목록은 GDN 광고로도 사용 가능하다
③ 비디오 리마케팅을 위해서는 별도의 태그를 설치해야 한다
④ 비디오 리마케팅은 광고 입찰가에 영향을 주지 않는다

41. 다음 중 브랜드가 보유한 이미지와 텍스트만으로 15초 유튜브 동영상 제작이 가능한 도구(Tool)는 무엇인가?
① 비디오 빌더(Video Builder)
② 비디오 애드 시퀀싱(Video Ads Sequencing)
③ 디렉터 믹스(Director Mix)
④ 범퍼애드(Bumper Ad)

42. 다음 중 구글의 맞춤형 메시지 동영상 자동화 솔루션으로, 타겟 그룹별 맞춤 크리에이티브를 전달하는 방식의 도구(Tool)는 무엇인가?
① 비디오 빌더(Video Builder)
② 비디오 애드 시퀀싱(Video Ads Sequencing)
③ 디렉터 믹스(Director Mix)
④ 범퍼애드(Bumper Ad)

43. 다음 중 비디오 액션 광고에서 지원하지 않는 추가 기능은 무엇인가?
① 사이트링크 확장
② 프로넉트 피드 확장
③ 앱 딥링킹 기능
④ 지도 기능

44. 다음 중 어린이 시청자만을 위한 맞춤 앱으로 가장 안전한 환경에서 광고 노출이 가능한 게재 위치는?
① 유튜브 키즈
② 유튜브
③ 유튜브 뮤직
④ 유튜브 프리미엄

45. 다음 중 TV 방송사와 웹 오리지널 콘텐츠 채널을 선별해 판매하는 유튜브 예약형 광고 상품은 무엇인가?
① 마스트헤드
② 프라임팩(Prime Pack)
③ SMR
④ 유튜브 프리미엄

46. 다음 중 유튜브 홈페이지 최상단에 노출되면 원하는 노출량 만큼 구매해 노출시키는 광고 상품은?
① CPM 마스트헤드
② 프라임팩
③ 트루뷰 비디오 디스커버리
④ 범퍼애드

47. 다음 중 광고 구매(입찰) 방식이 다른 한 가지 상품은 무엇인가?
① 트루뷰 디스커버리
② 트루뷰 비디오 디스커버리
③ CPM 마스트헤드
④ 범퍼애드

48. 다음 중 유튜브 광고 성과를 측정할 수 있는 솔루션으로, 광고 상기도와 브랜드 인지도 등을 측정할 수 있는 도구(Tool)는 무엇인가?
① 크로스 미디어 인사이트(Cross Media Insight-XMI)
② 브랜드 리프트 서베이(BLS, Brand Lift Survey)
③ 도달범위 플래너(Reach Planner)
④ 유튜브 서치 업리프트 리포트(YouTube Search UpLift Report)

49. 다음 중 트루뷰 동영상 광고에서 사용할 수 없는 타겟팅은 무엇인가?
① 위치&시간대&기기
② 생애주기
③ 맞춤 구매의도
④ IOS 기기 특정 앱 사용자

50. 다음 중 인구통계 타겟팅에 해당되지 않는 것은 무엇인가?
① 성별, 연령
② 자녀유무
③ 소득수준
④ 거주지

51. 다음 중 콘텐츠 기반의 타겟팅이 아닌 것은 무엇인가?
① 게재위치
② 리마케팅
③ 주제
④ 키워드

52. 다음 중 BTS 유튜브 채널에 광고를 게재하기 위해 사용할 수 있는 타겟팅은 무엇인가?
① 주제
② 게재위치(채널)
③ 관심사
④ 리마케팅

53. 다음은 유튜브 내 뉴스 관련 채널 영상에 광고를 게재하기 위해 적합한 타겟팅은 무엇인가?
① 주제
② 키워드
③ 구매의도
④ 고객 일치

54. 다음 중 특정 분야에 구매의도가 매우 높은 유저에게 광고를 노출할 수 있는 타겟팅은 무엇인가?
① 리마케팅
② 인구통계
③ 주제
④ 구매의도

55. 다음 중 20대 여성 쇼핑몰을 운영하는 광고주가 있다. 주요 고객인 20대 여성에게만 광고를 노출시킬 수 있는 타겟팅 방식은 무엇인가?
① 시그널 이벤트
② 인구통계
③ 생애주기
④ 유사 잠재고객

56. 다음 중 키워드 타겟팅에 대한 설명으로 올바른 것은?
① 적용한 문맥을 기반으로 유튜브 내 영상 제목, 설명문구, 태그 등에 매칭이 되어 광고 노출
② 광고그룹당 20개 이상 문맥 사용 불가
③ 경쟁사 키워드 사용 불가
④ 일정 수량 이상 키워드 사용 시 과금비용 할증

57. 다음 중 '브랜드 인지도 개선'을 목표로 트루뷰 캠페인 진행 시 가장 중요하게 평가해야 할 실적은 무엇인가?
① 클릭률(CTR) 및 클릭당비용(CPC)
② 조회율, 조회당비용(CPV), 후속조회수
③ 조회율 및 클릭당비용(CPC)
④ 노출수, CPM, 영상 시청시간

58. 다음 중 유튜브 애널리틱스를 통해 확인할 수 없는 지표는 무엇인가?
① 영상 재생 위치
② 영상 시청자 연령 및 성별
③ 영상을 시청하지 않고 건너 뛴 시청자 비율
④ 영성 시청 시간

59. 다음 중 특정 키워드가 포함된 영상, 특정 연령 및 성별 등을 제외하는 타겟팅 방식은 무엇인가?
① 관심사 타겟팅
② 인구통계 타겟팅
③ 리마케팅
④ 제외 타겟팅

60. 다음 중 동영상 광고 품질평가점수에 영향을 주지 않는 것은 무엇인가?

① 영상 조회율

② 영상 재생 진행률

③ 영상 클릭률

④ 동영상 광고비 수준

61. 다음 중 유튜브 광고 소재 목적으로 제작해, 자신의 유튜브 채널에는 노출을 원치 않을 때 할 수 있는 채널 내 영상 업로드 옵션의 설정 방법은?

① 공개

② 비공개

③ 미등록

④ 예약

62. 다음 중 유튜브 광고 형식이 아닌 것은 무엇인가?

① 반응형 디스플레이 광고

② 건너뛸 수 없는 인스트림 광고

③ 인피드 동영상 광고

④ 하루 24시간 마스트헤드 광고

63. 다음 중 맞춤 관심분야 잠재고객을 구축하는데 사용되는 요소는 무엇인가?

① 언어, 위치, 성별, 연령

② 성별, 연령, 키워드, 웹사이트 URL

③ 관심사, 키워드, 주제, 게재위치

④ 키워드, 게재위치, 웹사이트 URL, 앱 다운로드

64. 다음 중 구글애즈 광고 캠페인에서 특정 기기 타겟팅에 대한 설명으로 잘못된 것은?

① 특정 통신사 타겟팅

② 특정 휴대전화 기가 타겟팅

③ 컴퓨터, 휴대전화, 태블릿 타겟팅

④ 특정 TV 브랜드 타겟팅

65. 크리에이터 제임스는 유튜브를 통해 자신이 자유롭게 창작하고 새로운 기회를 찾으면서 돈을 벌고 있습니다. 다음 중 유튜브의 수익 창출 프로그램을 바르게 설명한 것은?

① 크리에이터는 특정 구독자 수를 초과하면 수익금을 받는다

② 크리에이터는 유튜브 콘텐츠를 업로드 할 때마다 수익금을 받는다.

③ 크리에이터는 브랜디드 콘텐츠 제작, PPL을 하면 수익금을 받는다.

④ 크리에이터는 콘텐츠에 게재되는 광고를 통해 수익금을 받는다.

66. 다음 중 영상 시청 위치를 확인할 수 있는 YouTube Analytics 내 정보는 무엇인가?

① 트래픽 소스

② 시청자 연령

③ 기기 유형

④ 재생목록

67. 다음 중 유튜브 콘텐츠(영상, 설명문구 등) 내에 사용이 가능한 외부 링크는?

① 멀웨어를 설치하는 웹사이트나 앱으로 연결되는 링크

② 음란물로 연결되는 링크

③ 기업의 상업적인 내용이 들어간 홈페이지, SNS 페이지, 이벤트 페이지

④ 사용자의 로그인 사용자 인증 정보, 금융 정보 등을 피싱하는 웹사이트 또는 앱으로 연결 되는 링크

68. 다음 중 유튜브 커뮤니티 가이드에 위반되지 않는 것은?

① 과도하게 자주 게시되거나 반복되거나 뚜렷한 대상이 없고 다음 내용을 하나 이상 포함한 콘텐츠

② 제목, 썸네일, 설명란을 이용하여 사용자가 콘텐츠의 내용을 다른 내용으로 오해하도록 하는 콘텐츠

③ 내용이 같거나 뚜렷한 대상이 없거나 반복적인 댓글을 대량 게재하는 행위

④ 좋아하는 가수의 뮤직비디오 영상을 자신의 유튜브 채널 내 '재생목록'으로 만드는 행위

69. 다음 중 카카오 비즈보드에서 랜딩페이지로
    적합하지 않은 것은?
    ① URL
    ② 카카오페이 구매
    ③ 챗봇
    ④ 카카오 채널

70. 다음 중 카카오광고의 소재유형이 아닌 것은 ?
    ① 동영상
    ② 일반 이미지
    ③ 플친 메시지
    ④ 텍스트

71. 다음 중 카카오 비즈보드의 캠페인 목적이
    아닌 것은?
    ① 전환
    ② 방문
    ③ 컨텐츠 공유
    ④ 도달

72. 다음 중 카카오 비즈보드 그룹내에서 맞춤
    타겟으로 설정할 수 있는 것이 아닌 것은?
    ① 픽셀 & SDK
    ② 카카오사용자
    ③ 고객파일
    ④ 페이스북 친구 리스트

73. 다음 중 카카오 비즈보드의 캠페인 내에서
    최소 일 예산은 얼마인가?
    ① 자유롭게 설정 가능
    ② 10,000원
    ③ 50,000원
    ④ 100,000원

74. 다음 중 카카오톡 채널 광고의 목표로 적합한
    것은?
    ① 전환
    ② 방문
    ③ 도달
    ④ 조회

75. 다음중 네이버 광고상품의 타게팅과 광고
    집행방법에 대하여 올바르지 않은 것은?
    ① 풀스크린 광고는 성별, 시간, 디바이스 등
       다양한 타게팅 방법이 가능하다
    ② 네이티브 광고와 스마트채널 광고는 앱,
       관심사 타게팅 외 맞춤 타겟설정이 가능하다.
    ③ 풀스크린 광고는 렙사와 대행사를 통해서
       집행이 가능하다
    ④ 네이티브 광고와 스마트채널 광고는 대행사
       외에 직접 운영이 가능하다

76. 다음 중 네이버 밴드광고인 '스마트 채널광고'에
    대한 설명으로 틀린 것은?
    ① 밴드앱 홈, 새소식, 채팅 최상단에 노출된다.
    ② 최소입찰가는 CPM 2,000원, CPC 11원이다.
    ③ 타게팅 옵션은 네이티브 피드광고와 동일하다.
    ④ 밴드영역 상단 고정노출로 주목도를 높일 수 있다.

77. 다음 중 네이버 밴드광고인 '네이티브 피드광고'의
    세팅에 대한 설명 중 틀린 것은?
    ① 맞춤 타겟 설정은 고객파일, MAT타겟,
       유사타겟을 설정할 수 있다.
    ② 맞춤타겟은 고객수에 대하여 제한이 없다.
    ③ 지역타겟을 설정 할 수 있으며, 광역시는 구 단위,
       일반 도는 군 단위까지 가능하다.
    ④ 안드로이드와 IOS를 나눠서 타게팅이 가능하다.

78. 다음 중 네이버 밴드광고인 '네이티브 피드광고'의
    타겟 세팅에 대한 설명 풍 틀린 것은?
    ① 상세타겟 설정은 관심사 타겟, 구매의도 타겟,
       검색타겟이 있다.
    ② 게재 위치 타겟은 네이버는 기본 노출설정이
       되며, 패밀리 매체에 대한 추가 노출을
       설정한다.
    ③ 소재 선택은 최적화, 성과가중, 균등 방식이 있다.
    ④ 1일 노출빈도를 설정할 수 있다.

79. 다음에서 설명하는 매체 광고는 무엇인가?

- 타임라인 테이크 오버 : 24시간동안 홈타임라인의 첫 광고지면을 독점하는 동영상 광고
- 트렌드 테이크오버 : 24시간동안 실시간 트렌드 리스트의 상단을 독점하는 해시태그 광고
- 트렌드 테이크오버+ : '트렌드 테이크오버'의 업그레이드 형태로 트렌드탭 상단에 이미지/동영상/GIF와 함께 노출시켜 주목도가 높은 광고

① 트위터
② 틱톡
③ 링크드인
④ 카카오스토리

80. 다음에서 설명하는 특성에 대한 명칭은?

- 채팅으로 소비자와 소통하면서 상품을 소개하는 스트리밍 방송
- 가장 큰 특징은 '상호 소통'이다. 생방송이 진행되는 동안 이용자들은 채팅을 통해 진행자, 혹은 다른 구매자와 실시간 소통할 수 있다

① 소셜 커머스
② TV홈쇼핑
③ 라이브 커머스
④ 인터넷 커머스

※ 다음 사항을 확인하신 후 시험을 종료하시기 바랍니다.

  ○ 문제에 대한 답안을 모두 기입하셨습니까?

- 수고하셨습니다 -

SNS광고마케터 1급

발 행 일   개정 1판 1쇄 2023년 9월 20일

편 저 자   양일석·임현재·홍 민
발 행 인   최영무
발 행 처   (주)명진씨앤피
등   록   2004년 4월 23일 제2004-000036호
주   소   서울시 영등포구 경인로 82길 3-4 616호
전   화   편집·구입문의 : (02)2164-3005
팩   스   (02)2164-3020

ISBN   978-89-92561-84-6 (13000)